は　じ　め　に

　わが国に移転価格税制が導入されて35年以上が経過しました。現在、税務に携わっている方々の中で『移転価格税制』という言葉を知らない者はいないといっても過言ではないと思います。しかし、当移転価格税制は、従来の税制における「事実の有無」の確認に留まらず「取引価格」自体に焦点を当てており、「取引価格が独立企業間価格であるか否か」を問題とすることからその判断基準が重要となります。移転価格税制の関係条文の具体的な事実関係の下における適用関係は極めて複雑な問題を含んでおり、国外関連取引の事実分析、比較対象取引の選定、独立企業間価格の算定方法の適用、国外関連取引と比較対象取引との差異の認識及び調整等に関して納税者と課税当局間において多くの議論が発生しています。

　また、平成26年税制改正により本店等と恒久的施設との内部取引について移転価格税制と同様の考え方に基づく制度が導入されました（措法66の4の3、67の18、68の107の2）。すなわち、本支店間取引についても移転価格税制が適用されることとなりました。

　さらに平成24年（2012年）以降 OECD 租税委員会において進められてきた BEPS（Base Erosion and Profit Shifting：税源浸食と利益移転）では、多国間協議による国際課税ルールの再構築を目指して15の行動計画を策定し、各行動計画に基づく勧告を盛り込んだ最終報告書を平成27年（2015年）に公表しました。

　これらの検討結果等を受けて、わが国の移転価格税制においても、無形資産の定義、無形資産の移転に関する移転価格算定方法として

ディスカウント・キャッシュ・フロー法（DCF法）に関する規定が設けられました（措令39の12⑧六等）。

　そのような状況下において、移転価格税制の勉強に取り組みたいという方が増加しています。そのような方々から、複雑で難しい書物ではなく、基本的な考え方を平易に説明した書物があれば、それをまず読んでから、本格的な勉強に取り組みたいという声を多く聞いています。

　そこで、移転価格税制の基本的な仕組みについて、図をできるだけ使用して平易に説明するとともに、使用されている言葉の定義を「Keyword」において明確化し、主要な問題に関しては「重要事項解説」において議論を整理し、さらに、読者の参考となると考えられる事柄については「参考」として掲載しました。

　時間的な制約のある方で移転価格税制の概要を知りたいという方は、基本的な仕組みの説明と「Keyword」を読んでいただければと思います。

　内容については著者の私見として取り上げた部分も多く、十分意を尽くせなかった点もございますので、お気づきの点がございましたら、ご意見をお寄せいただければ幸いです。

　最後に、出版に当たって一般財団法人大蔵財務協会・編集局諸氏の多大なご尽力に感謝申し上げます。

　令和3年7月

著　者

------------------------------------- 【凡　　例】 -------------------------------------

　本書中、（　）内に引用する法令等については、次の略称を使用しています。

(1)　法　　　令
　　措　法……………租税特別措置法
　　措　令……………租税特別措置法施行令
　　措　規……………租税特別措置法施行規則
　　法　法……………法人税法
　　法　令……………法人税法施行令
　　通　法……………国税通則法
　　通　令……………国税通則法施行令
　　実施特例法………租税条約等の実施に伴う所得税法、法人税法及び
　　　　　　　　　　　地方税法の特例等に関する法律
　　実施特例省令……租税条約等の実施に伴う所得税法、法人税法及び地
　　　　　　　　　　　方税法の特例等に関する法律の施行に関する省令

(2)　通　達　等
　　措　通……………租税特別措置法通達（法令解釈通達昭和44年 5 月
　　　　　　　　　　　 1 日）
　　事務運営要領……移転価格事務運営要領の制定について（事務運営
　　　　　　　　　　　指針平成13年 6 月 1 日）
　　事務運営指針……恒久的施設帰属所得に関する調査等に係る事務運
　　　　　　　　　　　営要領の制定について（事務運営指針平成28年 6
　　　　　　　　　　　月28日）
　　相互協議手続……相互協議の手続きについて（事務運営指針平成13
　　　　　　　　　　　年 6 月25日）
　　OECD ガイドライン…… OECD 移転価格ガイドライン「多国籍企
　　　　　　　　　　　業と税務当局のための移転価格算定に関する指
　　　　　　　　　　　針」
　　OECD モデル租税条約…… OECD モデル租税条約「所得と財産に
　　　　　　　　　　　対するモデル租税条約」

(3)　例　　　示
　　措法66の 4 ②一イ……租税特別措置法第66条の 4 第 2 項第一号イ

　（注）　本書は、令和 3 年 4 月 1 日現在の法令・通達等によっています。

移転価格税制の概要

(1) 移転価格税制の趣旨

　移転価格税制は、わが国の法人と国外に所在する親会社あるいは子会社等の国外関連者との取引価格を通じた所得の国外移転に対処するための制度です。

　日本の親会社と国外の子会社の例を挙げますと、日本の親会社が国外の子会社との取引（国外関連取引）において、当該取引価格を第三者への販売価格と比べて低く設定している場合には、国外の子会社の所得が増加し、日本の親会社の所得が減少します。その場合、本来、日本の親会社に帰属すべき所得が過少となっていることから、わが国で課税されるはずの所得が国外へ流出することになります。そこで、このような国外関連取引について、それぞれの企業に帰属すべき所得を適正に反映させることにより、所得の国外移転を防止し、国際的な所得の適正配分を図ると同時にわが国の課税権を確保しようとするのが移転価格税制です。

　なお、後述しますように、平成26年度税制改正により、本店等と恒久的施設（Permanent　Establishment：「PE」と表記します）との内部取引についても移転価格税制と同様の考え方に基づく制度が

導入されました。

　したがって、移転価格税制は、租税特別措置法第66条の4（国外関連者との取引にかかる課税の特例）だけでなく同法第66条の4の3（外国法人の内部取引に係る課税の特例）、同法第67条の18（国外所得金額の計算の特例）、同法第68条の107の2（連結法人の連結国外所得金額の計算の特例）に定められています。

　たとえば、租税特別措置法第66条の4第1項では、「法人が国外関連者との間で資産の販売、資産の購入、役務の提供その他の取引を行った場合に、当該法人が当該国外関連者から支払を受ける対価の額が独立企業間価格に満たないとき、又は当該法人が当該国外関連者に支払う対価の額が独立企業間価格を超えるときは、当該法人の当該事業年度の所得に係る法人税に関する法令の規定の適用については、当該国外関連取引は、独立企業間価格で行われたものとみなす。」と規定しています。

　簡単に述べますと、日本国内法人が持株な関係にある国外関連者と行う取引の対価の額が、特殊の関係にない第三者間（独立企業間）における価格（独立企業間価格）を参照して決定することを要求しているのです（日本の親法人だけでなく、日本の国内法人と特殊な関係にある国外の法人との間の取引にも適用されます）。簡単な事例を示すと次のとおりです。

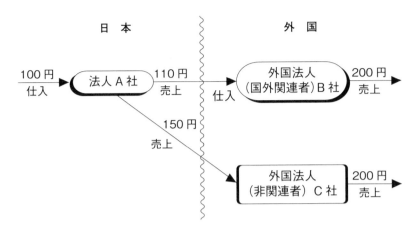

　この場合、A社の所得は10円（110円－100円）、B社の所得は90円（200円－110円）ですが、A社が非関連者（C社）と同種の棚卸資産を同様の取引条件の下で取引を行った場合の取引価格が150円とすれば、A社の所得は50円（150円－100円）となり、B社との取引と比較して40円（50円－10円）多くなります。すなわち、A社の所得のうち40円（150円－110円）がB社に移転していることになります。

　この例でわかるように所得が海外に移転された場合は、国内での所得移転とは異なり、本来わが国で課税されるはずの所得が国外へ流出することになります。

　上記の例では棚卸資産取引を例に挙げましたが、移転価格税制は、有形資産取引、無形資産取引、役務提供取引等にも適用されます。

　移転価格税制の趣旨は、上記のとおりですが、税制が取引価格自体に関与するという特異な税制であり、企業の経済活動を阻害するおそれもありますので、当該税制には合理的な諸条件等を設ける必

要があります。現在規定されている条件等の主要なものは、①適用される国外関連者の範囲を特殊な関係にある者（株式保有関係や実質支配関係にある者）に限定する、②対象取引としては企業の損益に結び付く取引とする、③特殊の関係にない第三者間における価格（独立企業間価格）の算定方法の種類及び適用条件を特定する、④独立企業間価格との差異の調整の方法及び二重課税の排除方法を設定すること等が挙げられます。個々の諸条件等に関して次章以下で説明します。

　また、平成26年度税制改正により、本店等と恒久的施設（PE）との内部取引についても移転価格税制が導入されました。すなわち、平成28年4月1日以降に開始する各事業年度において、内国法人の本店等と国外にある恒久的施設（以下、「国外PE」といいます）との間の内部取引の対価の額とした額が独立企業間価格と異なることにより、内国法人の当該事業年度の法人税法第69条第1項に規定する国外所得金額の計算上、内部取引に係る収益の額が過大となるとき、又は損失等の額が過少となるときは、内部取引は、独立企業間価格によるものとされました（措法67の18①）。さらに、国内にある恒久的施設（以下、「国内PE」といいます）を有する外国法人の本店等と国内にある恒久的施設（国内PE）の間の対価の額とした額が独立企業間価格と異なることにより、当該外国法人の法人税法第141条第1号イに掲げる国内源泉所得に係る所得の金額の計算上益金の額に算入すべき金額が過少となるとき、又は損金の額に算入すべき金額が過大となっているときは、当該内部取引は独立企業間価格によるものとされています（措法66の4の3①）。

　これらの移転価格に関する規定は、わが国の法人と国外に所在する親会社あるいは子会社等との国外関連者との間の取引価格に適用される移転価格税制（措法66の４）の考え方と同様ですので、特に必要があると考えられる場合を除いて省略します。

　なお、連結法人の国外関連者との取引に係る課税の特例規定は、連結納税制度の創設に伴い、当制度創設の一環として、連結法人が国外関連者との間で資産の販売、資産の購入、役務の提供その他の取引を行った場合にも、単体納税におけるのとほぼ同様の規定が整備されています（措法68の88。なお、連結法人の連結国外所得金額の計算の特例は措法68の107の２に規定されています）。規定の内容は同じですので以下では単体納税を中心に説明します。

Keyword：国外関連者・恒久的施設とは

　持株の関係又は実質支配関係によって、一方の法人が他方の法人の事業・経営を支配できると考えられる関係がある場合に、一方の法人又は他方の法人を関連者といいます。一方の法人又は他方の法人が国外に所在する場合、国外に所在する法人を国外関連者といいます。このような関係にない法人を非関連者又は第三者といいます。法人と国外関連者との取引を国外関連取引といい、非関連者との取引を非関連者間取引といいます。

　持株の関係及び実質支配関係については「Ⅱ　特殊の関係」を参照して下さい。

　なお、平成28年4月1日以降に開始する事業年度から適用される恒久的施設と本店等の内部取引に適用される移転価格税制においては、恒久的施設の定義を認識する必要があります。

　本コンパクトガイドにおいて、国外関連者と記載している場合には、国外にある恒久的施設（国外 PE）を、わが国の法人と記載している場合には、国内にある恒久的施設（国内 PE）を含むものと理解して下さい。

Keyword：独立企業間価格とは

　非関連者間において、関連者間取引と同種又は類似の棚卸資産等を同様の取引条件の下で取引したときに成立する取引価格を独立企業間価格（Arm's Length Price 略して ALP）といいます。独立企業間価格算定方法については「Ⅴ　独立企業間価格算定方法」を参照して下さい。

Keyword：租税回避の意図の有無

　本税制は、国外関連者との取引を通じた所得の国外移転がある場合に適用されるものであり、租税を最小限に抑えることや租税回避という主観的意図とは全く関係ありません。

　軽課税国等にある国外関連者に所得を移転する目的で独立企業間価格と異なる価格で取引されることもあり、この場合には、租税回避を防止する機能もありますが、税制自体は、客観的に、決定された独立企業間価格と比べて所得移転の有無を判断するものです。

(2) 移転価格税制が適用された場合

　わが国の法人と国外に所在する国外関連者との取引について、移転価格税制が適用された場合、国外関連者が所在している国において、わが国で行われた追徴課税に見合った所得が自動的に減額されることはありません。これは、両国とも自国内の納税者に対して課税する権利を持っており、相手国の課税を自動的に認めることはしないからです。この場合、法人格は異なりますが、同じ所得に対してわが国と相手国との間で二重に課税されていることとなり、これを経済的二重課税といいます。この経済的二重課税は、自動的に排除されるものではなく、二重課税を排斥するために、納税者の申立てに基づき租税条約上の「特殊関連企業条項」に適合しない課税として同条約上の「相互協議条項」に基づいて両国の権限ある当局間で相互協議が行われます。この相互協議（Mutual Agreement Procedures 略して MAP）において合意に達すれば相手国において移転価格課税額に相応する減額更正がなされ二重課税は排除されることとなります。二重課税の排除のための相手国の措置を対応的調整（Correlative Adjustment）といいます。わが国において、移転価格課税が行われ対応的調整がなされる一連の流れは次のとおりです。

相互協議の流れ

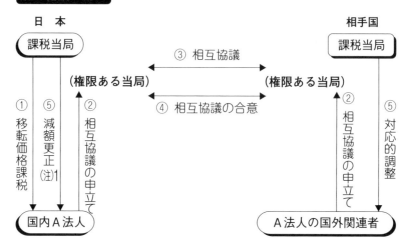

（注）1　相互協議において、わが国の課税を一部減額する合意がなされた場合
　　　　には、その部分についてわが国でも減額更正がなされます。
　　　2　平成28年4月1日以降に開始する事業年度については本店等と恒久的
　　　　施設との内部取引についても移転価格税制が適用されますので、図の相
　　　　手国の国外関連者とあるのを国外 PE とよみかえて下さい。

Keyword：権限ある当局とは

　権限ある当局とは、租税条約に規定されており、租税条約に適合しな
い課税が行われたとき等に協議する権限が与えられている当局をいいま
す。わが国の権限ある当局は個別事案については国税庁長官、その他に
ついては財務省主税局長となっています（具体的に相互協議を実施する
権限は委任されており、実務上、国税庁相互協議室、主税局参事官が担
当しています）。

Keyword：対応的調整とは

　対応的調整とは、一方の国で移転価格税制の適用により所得の増額が
あった場合に、相手国において、二重課税を解消するために、その増額
された所得のうち合意された所得を減額することです。

　対応的調整は自動的に行われることはなく、租税条約に基づき権限あ
る当局による相互協議の合意があってはじめて行われます。

╌╌╌╌╌╌╌╌╌╌╌╌ 重要事項解説 ╌╌╌╌╌╌╌╌╌╌╌╌

1 移転価格（Transfer Pricing 略して TP）税制は、わが国の所得が減少しているときに適用されます

　移転価格税制は、わが国の法人が支払を受ける対価の額が独立企業間価格に満たないとき、又は支払の対価の額が独立企業間価格を超えるときに適用されることとなっています（わが国の所得が減少している場合にのみ適用されます）。

　したがって、支払を受ける対価の額が独立企業間価格を超えているとき、又は支払の対価の額が独立企業間価格に満たないとき（わが国の所得が過大となっている場合）は移転価格税制は適用されません。この場合、わが国の課税当局が移転価格税制に基づいて一方的に減額更正することはなく、また、納税者の側から更正の請求をすることもできません（ただし、相手国の国外関連者の所得がわが国に移転していると考えられますので、相手国から、当該国の移転価格税制等の適用により課税処分が行われるリスクがあります）。

╌╌

2 移転価格税制は法人に適用されます

　移転価格税制は、法人に適用され個人には適用されません。したがって、わが国の居住者（個人）と当該居住者が50％以上出資している外国法人との間の取引には移転価格税制は適用されません。そのような取引は現状想定していないことから除外していますが、将来的にそのような取引事例が発生した場合には税制の適用対象が拡大される措置が採られるかもしれません。

　ただし、法人と国外関連者との間に非関連者（第三者）が介在する場合において、法人と非関連者との間の取引の対象となっている資産の販売、譲渡、貸付け又は提供、役務提供取引やその他の取引において当該契約時において当該法人の国外関連者に販売、貸付け等されることがあらかじめ決まっており、かつ、当該価格についても当該法人と国外関連

者との間で実質的に決定されている場合には、介在する者が法人である場合と同様に個人であっても国外関連取引とみなして移転価格税制が適用されます（措法66の4⑤。これを「第三者介在取引」といいます）。

3　移転価格税制はみなし規定です

　移転価格税制は、「みなし規定」です。法人税法上において、わが国の所得が過少となっている場合に独立企業間価格で取引が行われたとみなされるものであり、実際の取引価格の修正を要求するものではありません。すなわち、課税当局は現実のビジネスにおける取引価格に介入しないとの立場を採っています。ビジネス上の取引価格を修正する場合の法人税法上の取扱いについては、「**Ⅺ　相互協議及び対応的調整**」を参照して下さい。

4　法的二重課税と経済的二重課税

　たとえば、同一の法人の同一の所得に対して、わが国だけでなく相手国においても課税が行われる場合（わが国の法人税法は、内国法人は全世界所得に対して法人税を課すとしており、国外にある恒久的施設（以下、「支店」といいます）の所得に対してもわが国の法人税が課されることとなっています。しかし、支店の所得に対してはわが国だけでなく支店所在地国においても課税がなされ、同一の所得に対して二重に課税がなされることになります（いわゆる、居住地国課税と源泉地国課税の関係です）。これを法的二重課税といいます。これに対し、同一の所得に対してわが国が一方の法人に課税し法人格が異なる他方の法人の所在地国においても課税が行われる場合を経済的二重課税といいます。移転価格税制が適用された場合には、後者の経済的二重課税が発生します。

　なお、法的二重課税は、わが国の制度上、原則として、外国税額控除制度によって二重課税が排除されますが、源泉地国（支店所在地国）又は居住地国（本店所在地国）において、租税条約に適合しない課税が行われた場合には、租税条約上の相互協議の合意によって二重課税が排除

されます。一方、経済的二重課税は、自動的に二重課税を排除すること
ができる外国税額控除のような制度はなく、租税条約上の特殊関連企業
条項（当条項において独立企業原則が規定されており、独立企業原則に
したがって条約締結国において課税できると規定しています）に適合し
ない課税が行われた場合に、租税条約上の相互協議条項に基づいて相互
協議の申立てを行い、相互協議の合意に基づいてはじめて二重課税が排
除されます。したがって、経済的二重課税を排除するためには租税条約
が重要な役割を果たすことになります。

　しかし、外国税額控除制度の適用される法的二重課税の場合であって
も、経済的二重課税であっても、租税条約上の相互協議による救済手段
とは別に国内法に基づく救済手段（わが国の場合は、再調査の請求、審
査請求、訴訟提起）を利用することができます。

5 移転価格課税の更正期限

　通常の法人税の更正期限は偽りその他不正の行為がある場合には7年、
その他の場合には原則として5年ですが、移転価格課税の更正期限は7
年に延期されています。移転価格に係る調査が通常の法人税の調査に比
べて長期間となることが考慮されているのです。この原則について、令
和2年の税制改正において、国税通則法に所要の修正がなされ（通法71
①4）、このうち、国外取引等課税に係る更正決定等の期間制限につい
ても次のような改正が追加されました。

　次のイの事由が生じた場合において、次のロに基づく更正決定につい
ては、租税条約等の相手国等に対して情報提供要請に係る書面が発せら
れた日から3年間は、行うことができることとされました（措法66の4
㉗）。

　イ　当該職員が納税者に国外取引又は国外財産に関する書類等の提示
　　　又は提出を求めた場合において、その提示又は提出を求めた日から
　　　60日を超えない範囲で指定された日までにその提示又は提出がなか
　　　ったこと。

　　ロ　国税庁長官が租税条約等の規定に基づきその租税条約等の相手国
　　　等に国外取引又は国外財産に関する情報の提供を要請した場合（そ
　　　の要請が更正決定等をすることができないこととなる日6月前以後
　　　にされた場合を除き、その要請をした旨の納税者への通知がその要
　　　請をした日から3月以内になされた場合に限ります）において、そ
　　　の課税標準等又は税額等に関し、その相手国等から提供があった情
　　　報に照らし非違があると認められること。
　　また、移転価格税制の適用に係る国税の徴収権の消滅時効の起算点に
ついても、移転価格税制における更正決定等の期間制限の特例を通じて
延長された日とされました（措法66の4㉚）。

6　租税条約における特殊関連企業条項

　　二国間をまたぐ取引において当事国の国内法制の違いから二重課税と
なることを回避するための租税条約では、当事国のいずれの国が課税で
きるかの基本的なルールを定めており、その1つに特殊関連企業条項が
あります。
　　特殊関連企業条項では、資本関係等で特殊の関係にある企業による当
事国間の取引を対象として、その取引には独立企業原則が適用されるこ
ととされており、当該条項は移転価格税制の条項ともいわれています。
　　独立企業原則については「Ⅳ　独立企業原則」を参照して下さい。

参考 1　移転価格税制執行の強弱

　移転価格税制執行の強弱は、移転価格を通じた所得の移転に影響を及ぼし、移転価格税制を強力に執行する国に所得が移転し、そうでない国からは所得が流出するという、いわゆる為替変動に似ている面があるといわれています。したがって、各国とも自国の課税権の確保のために移転価格税制を強化していく傾向が窺われます。

参考 2　米国における昭和60年前後の移転価格課税

　昭和60年前後の米国におけるわが国企業に対する移転価格課税は極めて厳しく、日米税金戦争といわれるほどでした（『文藝春秋』92年 5 月号塩田潮氏「ただ今拡大中日米税金ウォーズ」）。当時の米国内国歳入庁長官は、日本とドイツを名指しして米国で納税していないと批判し、わが国企業への課税を強めていました。

　米国での移転価格課税を受けて、長期にわたる日米間の相互協議において、合意の努力がなされ二重課税が排除されました（最高裁（第三小法廷）平成10年 1 月27日判決における上告人の主張の中で、「米国日産、米国トヨタに対して米国内国歳入庁が更正処分をしたのは1985年 3 月、追徴税額は両社合計で 9 億ドル強（当時の換算レートで約2,500億円）、両社は1986年 1 月に国税庁に、日米租税条約25条の相互協議を申し立て、日米の相互協議において1987年 6 月、移転所得は両社合計で 5 億 5 千万ドルとして合意に達した」ということが述べられています）。

　わが国において、移転価格税制が導入されたのは、この時期とほぼ同時期の1986年です。

参考 3　文化摩擦

　1992年12月10日の産経新聞は、「理解されにくい日本式経営　二輪車初の日米税金紛争　 7 年ぶりに決着」との表題をつけて、次のような記事を掲載しています。

　——「「KAWASAKI」のブランドで知られるオートバイメーカー、川崎重工業をめぐる日米税金紛争が 7 年越しに10日最終決着する。クリン

トン次期大統領が外資系企業課税強化を打ち出した米国で移転価格税制で既に米国内国歳入庁（IRS）の厳しい調査を受け、多額の追徴請求を受けたとみられる日系企業は約100社にのぼる。日本製品のシェアが高い自動車、エレクトロニクスと並んでIRSの追徴攻勢の的となっているオートバイメーカー初の決着は、今後ますますボーダーレス化する多国籍企業のあり方に一石を投じた」……（中略）……「日本企業の行動原理、市場の背景をご理解いただくのに苦労した。彼らはハナからケッタイなやつら、と日本異質論を唱えていたようだから」と森田進一・川崎重工経理部長は振り返った。……（中略）…… IRSは、「シェアが高ければ、利益を出して当然、意図的に利益を圧縮している」と川崎重工など4社を一斉に調査し追徴請求を行った、という。森田部長は教訓として「税摩擦は1つの文化摩擦、IRSから追徴請求された場合、いち早く的確に日本式ビジネスの理解を得ることが大切では」と話す──

我が国の租税条約ネットワーク

欧州（46）

アイスランド	ノルウェー
アイルランド	ハンガリー
イギリス	フィンランド
イタリア	フランス
エストニア	ブルガリア
オーストリア	ベルギー
オランダ	ポルトガル
クロアチア	ポーランド
スイス	ラトビア
スウェーデン	リトアニア
スペイン	ルクセンブルク
スロバキア	ルーマニア
スロベニア	ガーンジー（※）
チェコ	ジャージー（※）
デンマーク	マン島（※）
ドイツ	リヒテンシュタイン（※）

（執行共助条約のみ）

アルバニア	ジブラルタル
アンドラ	セルビア
北マケドニア	フェロー諸島
キプロス	ボスニア・ヘルツェゴビナ
ギリシャ	マルタ
グリーンランド	モナコ
サンマリノ	モンテネグロ

アゼルバイジャン	ウズベキ
アルメニア	カザフ
ウクライナ	キルギ

アフリカ（15）

エジプト	ザンビア	南アフリカ

（執行共助条約のみ）

ウガンダ	ケニア	ナイジェリア
ガーナ	セーシェル	ナミビア
カーボベルデ	セネガル	モーリシャス
カメルーン	チュニジア	モロッコ

中東（9）

アラブ首長国連邦	クウェート
イスラエル	サウジアラビア
オマーン	トルコ
カタール	

（執行共助条約のみ）

バーレーン	レバノン

イント
イント
オーストラ
韓国
（執行
クック
ナウル

（注1）税務行政執行共助条約が多数国間条約であること、及び、旧ソ連・旧チェコスロバキアとの条約
（注2）条約等の数及び国・地域数の内訳は以下のとおり。
・租税条約（二重課税の除去並びに脱税及び租税回避の防止を主たる内容とする条約）：66本、
・情報交換協定（租税に関する情報交換を主たる内容とする条約）：11本、11か国・地域（図中
・税務行政執行共助条約：締約国は我が国を除いて111か国（図中、国名に下線）。適用拡張によ
　　　　　　　　　　　　域は56か国・地域。
・日台民間租税取決め：1本、1地域
（注3）台湾については、公益財団法人交流協会（日本側）と亜東関係協会（台湾側）との間の民間租税
　　　　在、両協会は、公益財団法人日本台湾交流協会（日本側）及び台湾日本関係協会（台湾側）にそ

財 務 省

《79条約等、143か国・地域適用／2021年4月1日現在》(注1)(注2)

NIS諸国 (12)

ジョージア	ベラルーシ
タジキスタン	モルドバ
トルクメニスタン	ロシア

北米・中南米 (34)

アメリカ
エクアドル
カナダ
ジャマイカ
チリ
ブラジル
ペルー
メキシコ
ケイマン諸島(※)
英領バージン諸島(※)
パナマ(※)
バハマ(※)
バミューダ(※)

（執行共助条約のみ）
アルゼンチン
アルバ
アンギラ
アンティグア・バーブーダ
ウルグアイ
エルサルバドル
キュラソー
グアテマラ
グレナダ
コスタリカ
コロンビア
セントクリストファー・ネービス
セントビンセント及びグレナディーン諸島
セントマーティン
セントルシア
ターコス・カイコス諸島
ドミニカ共和国
ドミニカ国
バルバトス
ベリーズ
モンセラット

● 租税条約
● 情報交換協定
◯ 税務行政執行共助条約のみ
● 日台民間租税取決め

アジア・大洋州 (27)

シンガポール	ニュージーランド	フィリピン	マレーシア
スリランカ	パキスタン	ブルネイ	サモア(※)
タイ	バングラデシュ	ベトナム	マカオ(※)
中国	フィジー	香港	台湾(注3)
のみ)			
ニウエ	バヌアツ	モンゴル	
ニューカレドニア	マーシャル諸島		

〜承継されていることから、条約等の数と国・地域数が一致しない。

地域
表示)
国・地域に適用（図中、適用拡張地域名に点線）。このうち我が国と二国間条約を締結していない国・地

〜その内容を日本国内で実施するための法令によって、全体として租税条約に相当する枠組みを構築（現
布されている。）。

Ⅱ 特殊の関係 （株式保有関係又は実質支配関係）

(1) 特殊の関係

　移転価格税制は、法人と特殊の関係にある国外関連者との取引に適用されます。特殊の関係とは、「外国法人で、当該法人との間にいずれか一方の法人が他方の法人の発行済株式又は出資（当該他方の法人が有する自己の株式又は出資を除く）の総数又は総額の100分の50以上の数又は金額の株式又は出資を直接又は間接に保有する関係その他政令で定める特殊の関係のあるものをいう。」と規定されています（措法66の4①かっこ書）。

　50％以上の株式等を直接又は間接に保有している関係（株式保有関係）にある場合、又は政令（措令39の12①三）で定める特殊の関係（実質支配関係）にある場合に両法人間に特殊の関係があるとされ、移転価格税制が適用されます。

　株式保有関係にある場合には、取引価格を操作できる状況にあるか否かにかかわらず自動的に移転価格税制が適用されることになっていることに留意が必要です。一方、株式保有関係にない場合には、特定事実（役員等の派遣関係、取引依存関係、事業資金貸付関係等）により、他方の法人の事業の方針の全部又は一部につき実質的

に決定できる関係がなければ移転価格税制は適用されません。

　なお、株式保有関係、実質支配関係がそれぞれ連鎖している場合、株式保有関係と実質支配関係が交差して連鎖している場合にも移転価格税制が適用されます（措令39の12①〜④）。

Keyword：実質支配関係とは

　実質支配関係とは、役員等の２分の１以上の派遣関係、取引依存関係、事業資金貸付関係等（これらを特定事実といいます）により、他方の法人の事業の方針の全部又は一部を実質的に決定できる関係とされています（措令39の12①三）。

　実質支配関係については、特定事実が存在するだけで実質支配関係にあると考えるのか、特定事実は存在するが、事業の方針の全部又は一部を実質的に決定できていない場合には実質支配関係にないと考えるのか、２つの考え方がありますが、「特定事実が存在することにより……実質的に決定できる関係」であることから後者の考え方が適切であると考えます。

Keyword：間接保有とは(1)

　間接保有割合とは、一方の法人と他方の法人との間に一方の法人が50％以上出資している法人が存在している場合の、当該法人の他方の法人の持株割合をいいます。なお、間接保有割合の算定方法は、いわゆる掛算方式ではありません。

間接保有関係

　A法人はB法人を間接に70％保有する関係であり、掛算方式で計算する50％×70％＝35％ではありません。

Keyword：間接保有とは(2)

　間接保有とは、一方の法人と他方の法人との間に一方の法人が50％以上出資している法人が他方の法人の株式を保有している場合ですので、一方の法人が50％未満出資している法人が保有している他方の法人の株式は50％間接保有とはなりません。

① 　A法人とB法人は特殊の関係ではありません。

② 　A法人とB法人は特殊の関係ではありません。

③ 　A法人とB法人は特殊の関係です。

(2)　特殊の関係の例示

　A法人とB法人は特殊の関係に該当します。

株式保有関係の例示

①　A法人はB法人を直接50％以上保有している関係

②　B法人及びC法人はA法人によって直接50％以上保有されている関係

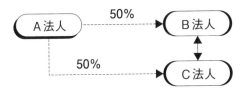

③　A法人はB法人を間接に50％以上保有している関係

④　A法人はB法人を間接に50％（40％＋10％）以上保有している関係

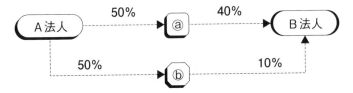

⑤　A法人はB法人を間接に50%（40%＋10%）以上保有している
　　関係

⑥　A法人はB法人を直接に10%、間接に40%（合計50%以上）保
　　有している関係

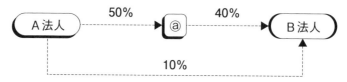

実質支配関係の例示

①　A法人とB法人はC法人によって実質支配されている関係

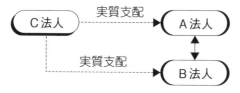

②　A法人はC法人によって直接50%以上保有され、B法人はC法人
　　によって実質支配されている関係にあることからA法人とB法
　　人は特殊の関係

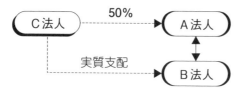

連鎖関係の例示

① A法人とB法人は実質支配と株式保有が直列的に連鎖している特殊の関係

② A法人とB法人は実質支配と株式保有が並列的に連鎖している特殊の関係

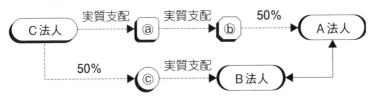

```
━━━━━━━━━━━━━━ 重要事項解説 ━━━━━━━━━━━━━━
```

1 株式保有関係が50％以上とされた理由

　株式保有の関係が50％以上である場合は、支配しているか否かにかかわらず国外関連者とされ移転価格税制が適用されることになっています。発行済株式等の50％以上を直接・間接に保有する関係にある外国法人であれば国外関連者に該当することから、50：50の合弁会社（JV）であっても国外関連者となります。なぜこの「50％以上」という基準が定められたのかについては明確ではありませんが、当時の法人税法における同族会社の定義が50％以上とされていたことによるのではないかと考えられます（同族会社の50％基準はその後50％超に変更されています）。しかし、50％の保有では相互に法的対等の関係にあることから移転価格税制が規制する範ちゅうではないという考え方があります。

参考1 50：50の合弁会社(JV)に対して移転価格税制を適用して更正処分が行われた例

　武田薬品工業(株)は、2006年6月、米国アボット社との50：50の合弁会社（当時）のTAPファーマシューティカル・プロダクツ（株）（以下、「TAP社」といいます）との間の製品供給取引及び無形資産の使用許諾取引に関して大阪国税局から移転価格税制（残余利益分割法）を適用され、2000年3月期から2005年3月期の6年間で1,223億円の所得の更正処分を受け、約570億円の追徴税額を課せられました。同社は2006年8月に大阪国税局に製品の取引価格は米国アボット社の合意なしには決められず、独立企業間価格であり、移転価格税制は適用されるべきでないとして異議申立てを行いましたが、これを中断し、2008年7月に国税庁に対して米国との相互協議の申立てを行いました。しかし2011年11月相互協議では合意に至らず同社は大阪国税局に一旦中断していた異議申立手続の再開を申し出ました。

　2012年4月、更正された所得金額1,223億円のうち977億円を取り消す異議決定を受けましたが、同年5月、残りの部分全額の取消しを求める審査請求を大阪国税不服審判所に行い、同社は、2013年3月に同社の主張を全面的に認容する裁決書を受領しました（高収益の源泉であった医療用医薬品に係る無形資産の形成等のための意思決定及びリスク管理等の主体はTAP社であると判断）。

対象取引

　移転価格税制の対象取引は、資産の販売、資産の購入、役務の提供、その他の取引（無形資産取引を含みます）です。ただし、次のような取引は移転価格税制の対象とはなりません。

　法人が国外関連者と行う取引であっても、その国外関連者の在日支店等の恒久的施設との取引で、その国外関連者のわが国における法人税の課税対象所得（法人税法第141条第1号イに掲げる国内源泉所得）に係る取引は、対象となりません（措法66の4①かっこ書、措令39の12⑤）。これは、取引の相手方である国外関連者がわが国に支店等の恒久的施設を有する場合には、国内取引と同様にわが国の法人税の課税を行い得ることから、本税制の対象から除かれているものです。ただし、支店等の恒久的施設を有する国外関連者の国内源泉所得であっても、その国内源泉所得に対するわが国の法人税が租税条約によって軽減ないし、免除されている場合には、本税制の対象となります（措令39の12⑤かっこ書）。

　前述しましたように、平成26年税制改正において、平成28年4月1日以降に開始する各事業年度において、内国法人の本店等と国外にある恒久的施設（国外PE。法文上は国外事業所等と記載されており、国外事業所等とは恒久的施設及び租税条約に定める恒久的施

設に相当するものをいうとされていますが、簡略化するために本書においては「恒久的施設」と記載します）との間の内部取引の対価の額とした額が独立企業間価格と異なることにより、内国法人の当該事業年度の法人税法第69条第1項に規定する国外所得金額の計算上、内部取引に係る収益の額が過大となるとき、又は損失等の額が過少となるときは、内部取引は、独立企業間価格によるものとされました（措法67の18①）。さらに、国内にある恒久的施設（国内PE）有する外国法人の本店等と国内にある恒久的施設（国内PE）の間の対価の額とした額が独立企業間価格と異なることにより、当該外国法人の法人税法第141条第一号イに掲げる国内源泉所得に係る所得の金額の計算上益金の額に算入すべき金額が過少となるとき、又は損金の額に算入すべき金額が過大となっているときは、当該内部取引は独立企業間価格によるものとされています（措法66の4の3①）。

　すなわち、本支店間取引（正確には、本店と恒久的施設間取引とすべきですが、恒久的施設の代表的なものとして支店を使用しています）についても移転価格税制の対象取引とされることになりました。

移転価格税制が適用される取引

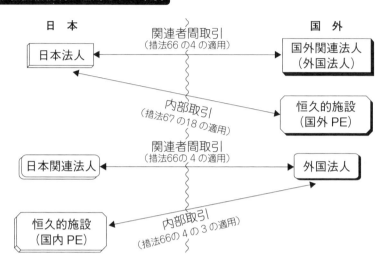

――― **Keyword**：**移転価格税制が適用される具体的な取引** ―――

　移転価格税制の対象となる取引の種類は、資産の販売、資産の購入、役務の提供、その他の取引となっており、具体的には、(1)棚卸資産の販売、購入、(2)棚卸資産以外の有形資産の譲渡、取得、使用等、(3)無形資産（特許、著作権等）の譲渡、取得、使用許諾等、(4)役務の提供（保証を含みます）、(5)金銭の貸付け等、企業の損益に結びつくすべての取引です。

■重要事項解説■

1　支店（恒久的施設：PE）課税

　支店課税については平成26年税制改正により、総合主義（すべての国内源泉所得をわが国の課税対象）から帰属主義（すべての支店帰属所得をわが国の課税対象）に改正されました。すなわち、支店に帰属する国内源泉所得がわが国の課税対象となります。旧 OECD モデル租税条約第7条は支店帰属所得について、①企業全体の所得を上限とする考え方と支店独自に計算する考え方があり、②内部取引損益の認識については容認されていたものの使用料・利子については例外とすると解されていました。ところが、2010年の OECD モデル租税条約において事業所得課税を定めている第7条が改訂され、支店の帰属所得算定方法として、支店が分離・独立した法人であると擬制され本支店間の内部取引にも厳密な独立企業原則（支店所得を本店とは独立して計算する構造）を適用する OECD 承認アプローチ（Authorized OECD Approach：「AOA」）が導入され、移転価格ルールが適用されることを明確にしています（2010年 OECD モデル租税条約第7条第2項）。そこで平成25年度税制改正大綱（抄）は、「非居住者及び外国法人に対する課税原則については、OECD モデル租税条約の改定等を踏まえ、様々な産業における実態や影響等を考慮しつつ、いわゆる「総合主義」に基づく従来の国内法上の規定を、「AOA」に沿った「帰属主義」に基づく規定に見直すとともに、これに応じた適切な課税を確保するために必要な法整備に向け、具体的な検討を行う」との方針を示しました。これを受けて平成26年税制改正により、①支店に帰属する第三国の源泉所得も課税対象とする、②支店帰属所得は企業全体の所得とは関係なく、その支店が本店等から分離・独立した企業であると擬制した場合に作られる所得として支店独自に計算する、③無形資産の内部使用料及び一般事業会社の内部利子を含め、支店と本店等の間の内部取引について、移転価格税制と同様に独立企業間価格による取引が行われたものと擬制して、内部取引損益を認識する

こととされました（措法66の4の3、67の18）。

　なお、旧OECDモデル租税条約第7条が適用されている租税条約の下では、内部取引のうち無形資産の内部取引及び一般事業会社の内部利子は認識されません（法法69⑥）。

◆∗∗◆

独立企業原則

　独立企業原則は、OECD モデル租税条約第9条（特殊関連企業条項）に、以下のとおり規定されています。

　「商業上又は資金上の関係において、双方の企業との間に、独立の企業の間に設けられる条件と異なる条件が設けられ、又は課されているときは、その条件がないとしたならば一方の企業の利得となったとみられる利得であってその条件のために当該一方の企業の利得とならなかったものに対しては、これを当該一方の企業の利得に算入して租税を課すことができる。」

　すなわち、独立企業原則は、OECD モデル租税条約加盟国が合意した、税務上移転価格を決定するために使用すべき国際的基準であり、「関連者間取引を、独立企業間であればどのような条件等の下で取引が行われどれだけの利得を得たであろうか」を基準にして課税当局は調整することができるとの考え方です。

参考1　わが国が締結している租税条約

　わが国が締結している75か国・地域・66の租税条約のすべてに「特殊関連企業条項」が規定されています（2021年4月1日現在）。

　一方の国によって移転価格税制が適用され二重課税となった場合には、

「租税条約に適合しない課税」として納税者から相互協議の申立てが行われ、権限ある当局により相互協議が行われます。その相互協議が合意に達した場合には対応的調整が行われることにより二重課税が排除されることになります。

　しかし、租税条約によっては、「特殊関連企業条項」や「相互協議規定」はあっても、対応的調整の規定がないものがあります。租税条約上、対応的調整規定がない場合には、原則として、それぞれの国の国内法にしたがうことになりますので当該国の国内法に対応的調整の規定があるか否かあるいは国内法に規定がなくても租税条約が優先適用されるか否か確認する必要があります。

　なお、租税に関する情報交換を主たる目的とした協定があり（情報交換を主たる目的とした協定には特殊関連企業条項等の規定はありません）、これらの協定は11か国・地域・11の情報交換協定となっています（2021年4月1日現在）。

参考2 独立企業原則が採用されている理由

　OECD加盟国や他の国々が独立企業原則を採用しているのは、自国の課税権を確保するとの考え方に基づいていますが、多国籍企業と独立企業が税務上の取扱いにおいてほぼ同等に置かれなければ、事業形態によって相対的競争力を歪めことになることも理由として挙げられています。

参考3 全世界的定式配分

　多国籍企業グループの連結ベースでの全世界利益を、あらかじめ定められた機械的な方式にしたがって、各国の関連者に配分するという全世界的定式配分の考え方に基づく課税（たとえば、ユニタリータックス）は独立企業原則に反することから採用できないと考えられています。

独立企業間価格 算定方法

1 基本的な考え方

　独立企業間価格算定方法（Transfer Pricing Methodologies 略して TPM）は、租税特別措置法第66条の4第2項において棚卸資産の販売又は購入の場合と、その他の取引に区分して規定されています。棚卸資産の販売又は購入については、独立価格比準法（Comparable Uncontrolled Price Method 略して CUP 法）、再販売価格基準法（Resale Price Method 略して RP 法）、原価基準法（Cost Plus Method 略して CP 法）（以上の方法を基本三法といいます）、これらの方法に準ずる方法その他政令で定める方法が規定され、棚卸資産の販売又は購入以外の取引については、基本三法と同等の方法、基本三法に準ずる方法と同等の方法その他政令で定める方法と同等の方法が規定されています（措法66の4②、措令39の12⑧。措法66の4の3②において外国法人の内部取引に適用される移転価格算定方法について、措法66の4②と同様の方法を規定しています。また、内国法人の内部取引に適用される移転価格算定方法について、措法66の18②において措法66の4の3②を準用しています）。

　なお、基本三法及び基本三法に準ずる方法は、取引に着目した方

法であることから「伝統的取引基準法」又は単に「取引法」といわれており、その他政令で定める方法及び政令で定める方法に準ずる方法は（営業）利益に着目した方法であることから「取引単位利益法」又は単に「利益法」といわれています。

(1) 独立企業間価格の算定方法

独立企業間価格算定方法を図式化すると以下のとおりです。

棚卸資産の売買取引	棚卸資産の売買取引以外の取引
【基本三法】 ① 独立価格比準法（措法66の4②一イ） ② 再販売価格基準法（措法66の4②一ロ） ③ 原価基準法（措法66の4②一ハ）	【基本三法と同等の方法】 ① 独立価格比準法と同等の方法（措法66の4②二） ② 再販売価格基準法と同等の方法（措法66の4②二） ③ 原価基準法と同等の方法（措法66の4②二）
【基本三法に準ずる方法】 ① 独立価格比準法に準ずる方法（措法66の4②一二） ② 再販売価格基準法に準ずる方法（措法66の4②一二） ③ 原価基準法に準ずる方法（措法66の4②一二）	【基本三法に準ずる方法と同等の方法】 ① 独立価格比準法に準ずる方法と同等の方法（措法66の4②二） ② 再販売価格基準法に準ずる方法と同等の方法（措法66の4②二） ③ 原価基準法に準ずる方法と同等の方法（措法66の4②二）
【その他政令で定める方法】 ① 比較利益分割法（措令39の12⑧一イ） ② 寄与度利益分割法（措令39の12⑧一ロ） ③ 残余利益分割法（措令39の12⑧一ハ） ④ 取引単位営業利益法（措令39の12⑧二・三・四・五） ⑤ ディスカウント・キャッシュ・フロー法（措令39の12⑧六） ⑥ ①から⑤までの方法に準ずる方法（措令39の12⑧七）	【その他政令で定める方法と同等の方法】 ① 比較利益分割法と同等の方法（措法66の4②二） ② 寄与度利益分割法と同等の方法（措法66の4②二） ③ 残余利益分割法と同等の方法（措法66の4②二） ④ 取引単位営業利益法と同等の方法（措法66の4②二） ⑤ ディスカウント・キャッシュ・フロー法と同等の方法（措法66の4②二） ⑥ 左欄の⑥の方法と同等の方法（措法66の4②二）

(出典：国税庁公表資料)

(注)①　従来からOECD移転価格ガイドラインでは価格算定方法としてディスカウント・キャッシュ・フロー法（DCF法）が規定されていましたが、わが国の取扱では規定していませんでした。従来の移転価格算定方法は第三者取引価格を基準としていましたが、ディスカウント・キャッシュ・フロー法（DCF法）は具体的な第三者取引価格を根拠とせずに予測収益等を根拠として算定するという特色がある等によりわが国の独立企業間価格算定方法とその性質が異なることから認めていませんでした。

　　2018年（平成30年）に公表されたOECD移転価格ガイドラインにおいてディスカウント・キャッシュ・フロー法（DCF法）が更に明確化されたこと等から、わが国においても既存の価格算定方法にディスカウント・キャッシュ・フロー法（DCF法）を追加した上で最適な価格算定方法を選択することとしました。

　　なお、OECD移転価格ガイドラインでは、無形資産取引について有用な方法としてディスカウント・キャッシュ・フロー法（DCF法）の適用を規定していますが、わが国の改正では無形資産取引に限定していません（比較対象取引の選定が困難なケース、例えば、事業再編の場合などに適用可能としています）。

②　外国法人の内部取引に係る独立企業間価格算定方法において、棚卸資産の売買取引の基本三法については、租税特別措置法第66条の４の３第２項第一号イからハに、基本三法に準ずる方法については、租税特別措置法第66条の４の３第２項第一号ニに、その他政令で定める方法については、租税特別措置法第66条の４の３第２項第一号ニに規定されています。棚卸資産の売買取引以外の取引については、租税特別措置法第66条の４第２項第二号に規定されています。

　　内国法人の内部取引に係る独立企業間価格算定方法については、外国法人の内部取引に適用される方法に準じて算定するとされています（措法67の18②）。

　なお、比較利益分割法及び残余利益分割法については、平成23年度の改正前は、法令上は利益分割法として一括りで規定された上で、その解釈として運用されていましたが、独立企業間価格の算定方法の適用上の優先順位について、個々の事案の状況に応じて独立企業原則に一致した最も適切な方法を選定することとする仕組みへ改正

されたことからこのような仕組みの下では利用可能な独立企業間価格の算定方法を法令において一覧できることが望ましいとの考えから、法令上明確に規定したと説明されています（平成23年版　改正税法のすべて・496頁）。

(2) 独立企業間価格算定方法の適用順位

平成23年度税制改正により、従来の「基本三法優先適用」の考え方が廃止され、最適方法のルールの考え方に変更されました。

すなわち、国外関連取引の内容、当事者が果たす機能その他の事情を勘案して国外関連取引が独立の当事者間で行われるとした場合に国外関連取引において支払われるべき対価の額を算定できる最も適切な方法を適用するとされました。

この最適方法のルールは平成23年10月1日以降に開始する事業年度分の法人税について適用され、法人の同日前に開始した事業年度分については、なお従前の例（基本三法優先適用）によることとなっています。

租税特別措置法通達66の4(2)-1では、租税特別措置法第66条の4第2項に規定している最適方法の選定に当たり、同項の「国外関連取引の内容及び国外関連取引の当事者が果たす機能その他の事情を勘案して」とは、国外関連取引及び非関連者間取引が租税特別措置法通達66の4(3)-3に掲げる諸要素並びに次のことを勘案することを意味すると規定しています。

① 独立企業間価格の算定方法の長所及び短所

② 　国外関連取引の内容及び当該国外関連取引の当事者の果たす
機能等に対する独立企業間価格の算定方法の適合性

③ 　独立企業間価格の算定方法を適用するために必要な情報の入
手可能性

④ 　国外関連取引と非関連者間取引との類似性の程度（差異調整
等を行う必要がある場合の差異調整等に係る信頼性を含みます）

　独立企業間価格の算定方法のうち、ディスカウント・キャッシ
ュ・フロー法（DCF法）（同等の方法を含みます）は、国外関連取
引に係る比較対象取引を見いだすことが困難な場合で、利益分割法
を適用できないときに有用ですが、販売又は購入の時に予測される
金額（予測利益の金額）のような不確実な要素を用いて独立企業間
価格を算定する方法ですので、最も適切な方法の候補がディスカウ
ント・キャッシュ・フロー法（DCF法）を含めて複数ある場合には、
ディスカウント・キャッシュ・フロー法（DCF法）以外の候補で
ある算定方法の中から最も適切な方法を選定することとなっていま
す（事務運営要領4－3）。

　また、独立企業間価格の算定方法を適用するに当たり、比較対象
取引に該当するか否かにつき国外関連取引と非関連者間取引との類
似性の程度を判断する場合には、例えば、法人、国外関連者及び非
関連者の事業の内容等並びに次に掲げる諸要素の類似性を勘案する
ことに留意するとしています（租税特別措置法通達66の4(3)－3）。

① 　国外関連取引に係る棚卸資産の種類、役務の内容等

② 　法人及び国外関連者が果たしている機能

③ 国外関連取引に係る契約条件

④ 国外関連取引に係る市場の状況

⑤ 法人及び国外関連者の事業戦略

　恒久的施設を有する外国法人の本店等と恒久的施設との間の内部取引に係る課税においても、上記と同様の最適方法のルールが規定されています（措法66の4の3②）。内国法人の本店等と恒久的施設との間の内部取引に係る課税については、恒久的施設を有する外国法人の内部取引に係る課税を準用するとして最適方法のルールが適用されます（措法67の18②）。

Keyword：基本三法

　独立企業間価格算定方法の中でも、より信頼される結果を得ることができる方法は、独立価格比準法、再販売価格基準法、原価基準法であると考えられており、これらの三方法を総称して「基本三法」といわれています。これらの方法は、取引価格そのものあるいは粗利益率の段階で比較することから国外関連取引自体により密接に関連しています（これらの方法を伝統的取引基準法といいます）。

　そこで旧租税特別措置法では「伝統的取引基準法」を用いることができない場合に限り「準ずる方法その他政令で定める方法」を用いることができると規定していました。しかし、OECD移転価格ガイドラインが独立企業間価格の算定方法の優先順位を廃止し、最適な方法を事案に応じて選択するとの考え方を採用したことから、わが国においても最適方法のルールを採用するとの改正が行われました（措法66の4②等）。

Keyword：最適方法のルール

　米国は、1992年1月の米国財務省規則案において、独立企業間価格算定方法の優先順位を改正し、1993年1月の財務省最終規則において、正式に最適方法のルールを規定しました。

　現行の米国財務省規則（1.482-1(c)）でも最適方法のルールは維持されており、当規定では「関連者間取引の独立企業間実績値は、事実と状況の下で独立企業間実績値の最も信頼性の高い尺度を提供する方法により決定されなくてはならない。したがって、方法には厳密な優先順位はなく、また、いずれの方法についても、他の方法よりも信頼性があると一律に考えることはしない」と規定し、最も信頼性の高い尺度を提供する方法は次のようにして決定されるとしています。すなわち、「二以上の適用可能な方法のうち、いずれの方法が独立企業間実績値の最も信頼性の高い尺度を提供するかの決定に当たり考慮すべき二つの主要な要素は、関連者間取引と非関連者間取引との比較可能性の程度及び分析に使用されるデータ及び推定の質である」としています。

　2010年に改訂されたOECD移転価格ガイドラインは、この米国の財務省規則の考え方を採用したものと考えられます。

Keyword：取引法（伝統的取引基準法）と利益法（取引単位利益法）

　基本三法は、取引法といわれており、（営業）利益を比較する方法を利益法と呼んでいます。取引法においては、価格あるいは粗利益率を比較することから比較可能性の判断において厳密性が求められ、価格あるいは粗利益率に影響を与える棚卸資産等の同種又は類似性、国外関連取引において果たしている機能・リスク等に差異がある場合には差異の調整が必要になります。一方、利益法においては、（営業）利益率を比較することから、機能・リスク等が多くの場合反映されていると考えられますが、営業利益率に影響を与える事業戦略、経営の効率性、コスト構造の変化、資本コストの差異、事業における経験の程度等についても比較可能性が検討され、（営業）利益率に影響する差異がある場合には差異の調整が必要であるといわれています。それぞれ一長一短があります。

~~~~~~~~~~~~~~~~~~~~ 重要事項解説 ~~~~~~~~~~~~~~~~~~~~

1　「準ずる方法」とは

　「準ずる方法」については、法令上具体的に規定されていませんが、移転価格事務運営要領参考事例1（「参考3」基本三法に準ずる方法の例）では、①非関連者取引が見いだせない場合において、商品取引所相場など市場価格等の客観的かつ現実的な指標に基づき独立企業間価格を算定する方法、②関連者間取引に係る棚卸資産の買手が、関連者を通じて非関連者に当該棚卸資産を販売した場合において、まず非関連者に販売した当該棚卸資産の価格から再販売価格基準法を適用した場合の通常の利潤の額を控除して当該買手から当該関連者への販売価格を算定し、これに基づき、国外関連取引に係る独立企業間価格を算定する方法、③基本三法の適用の上での比較対象取引が複数ある場合において、これらの価格又は利益率等の平均値等を用いて独立企業間価格を算定する方法等が例示されています。

　平成20年10月30日東京高裁判決では、課税した算定方法が「基本三法に準ずる方法」に当たるとの主張立証責任が処分行政庁にあるとした上で、「準ずる方法」とは、「①取引内容に適合し、かつ、②基本三法の考え方から乖離しない合理的な方法をいうものと解するのが相当である」と判示しています。

　平成18年10月26日東京地裁判決では、「準ずる方法」について、「国外関連取引と比較可能な非関連者間の取引が実在する場合には、実在の取引を比較対象取引とすることを原則とするが、そのような取引が実在しない場合において、市場価格等の客観的かつ現実的な指標により国外関連取引と比較可能な取引を想定することができるときは、そのような仮想取引を比較対象取引として独立企業間価格の算定を行なうことも、準ずる方法として許容できる」と判示しています。

~~~~~~

2 移転価格算定方法は、原則として「取引単位」ごとに適用

　移転価格算定方法を適用するに当たっては、原則として、「取引単位」ごと（個別の取引ごと）に行う必要があります。しかし、たとえば、同一の製品グループに属している取引、同一の事業セグメントに属する取引等、生産用部品の販売取引と当該生産用部品に係る製造ノウハウの使用許諾取引等が一体として行われている場合等には、これらの取引を一体の取引として独立企業間価格を算定することができます（措通66の4(4)－1、66の4の3(3)－1、67の18－1）。多くの企業は多品種の製品に係る取引、又は同種の製品に係る多くの取引を行っていることから独立企業間価格を決定するためにすべての個別取引を分析することは実際的でない面があります。

　かといって、複数の取引が密接不可分に結合していることが十分に検討されることなく、独立企業間価格算定の便宜性を重視し、すべての取引を一体の取引として扱うという考え方には慎重であるべきだと思います。「取引単位」の原則が否定され「事業活動単位」が原則となりかねないからです。

3 OECD租税委員会が基本三法優先適用から最適方法のルールに変更した理由

　OECD租税委員会は、1995年OECD移転価格ガイドラインの実施に係るモニタリングの一環として、2003年に移転価格と比較可能性の諸問題に関する公開コンサルテーションを開始し、実業界等からの意見を求め、検討を行ってきました。そして、2006年に、「利益法に関するディスカッション・ドラフト」、「比較可能性に関するディスカッション・ドラフト」を公表し、コメントを求めました。

　これらの一連の検討過程において、1995年OECD移転価格ガイドラインでは否定的であった取引単位利益法が各国で、使用される頻度が多くなっている現状を認識するとともに、利用可能な情報の限界から伝統的取引基準法に依存することの困難性を認識し、取引単位利益法を認知

するとともに、算定方法の適用順位については各算定方法の長所と短所、関連者間取引の性質、信頼できる情報の利用可能性及び関連者間取引と非関連者間取引との比較可能性の程度を考慮して決定するのが合理的であるとの考え方（最適方法のルール）を採用したと思われます。

4 独立企業間価格の算定方法の選定の流れ（比較可能性分析の例）

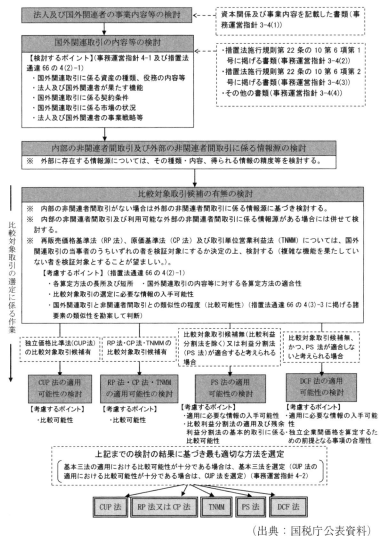

（出典：国税庁公表資料）

2 各種独立企業間価格算定方法の具体例 ━━●

　独立企業間価格算定方法は、その適用により、関連者間取引であることによって独立企業間価格と異なる価格設定が行われているか否かを検証する方法です。独立企業間価格算定方法は、独立の第三者間であればどのような価格設定が行われるかを検証するとの基本的な考え方に基づいていることから、できるだけ「独立企業間価格を参考にして」適切な移転価格を算定するとの考え方が採用されています。

　この意味から、「寄与度利益分割法」は関連者間内部の情報に基づいて全体の営業利益を所得の発生に寄与した程度を推測できる要因によって分割する方法ですので、特異な独立企業間価格算定方法であるといえます。

(1) 基本三法の具体例（措法66の4②、66の4の3②、67の18②）

　本店等と恒久的施設（PE）の内部取引に関して移転価格税制を適用する場合には、以下の具体例において使用している「国外関連者」は「国外PE」に置き換えて考えて下さい。

イ　独立価格比準法：　独立企業間の対価の額を使用

　法人と特殊の関係にない者（非関連者）との間又は、国外関連者と非関連者との間で国外関連取引に係る棚卸資産と同種の棚卸資産を当該国外関連取引と同様の取引条件（取引段階、取引数量その他の条件）の下で行っている取引価格を使用する方法です（内部比較

対象取引の使用)。又は、特殊の関係にない者(非関連者)間で行われている国外関連取引に係る棚卸資産と同種の棚卸資産を当該国外関連取引と同様の取引条件(取引段階、取引数量その他の条件)の下で行っている取引価格を使用することもできます(外部比較対象取引の使用)。棚卸資産の価格自体を比較することから、棚卸資産の同種性が要求されるとともに、取引条件も同様のものでなくてはなりません。棚卸資産の同種性の差異、取引条件の同様性の差異が取引価格に影響を及ぼしているときはそれらの差異の調整が必要となります。差異の調整ができない場合には当該取引を比較対象取引とすることはできず、他に比較対象取引が存在しない場合には独立価格比準法の適用はできません。

Keyword：内部比較対象取引と外部比較対象取引

　法人あるいは国外関連者の内部に国外関連取引と比較可能な取引がある場合に、当該取引を内部比較対象取引といい、内部には存在せず外部に存在する場合には、当該比較可能な取引を外部比較対象取引といいます。内部比較対象取引が存在する場合には差異の認識が容易であることから原則として、優先適用されます。ただし、大量に国外関連者に販売するとともに、極少量を非関連者に販売しているような場合には、数量の差異が2つの取引の比較可能性に重要な影響を与えると考えられ、この差異の影響を取り除くだけの合理的に信頼できる調整ができなければ、比較対象取引にはならないので注意が必要です。

例示（輸出取引の場合）

取引価格の算定

要件 ① 同種の棚卸資産であること。
② 取引段階、取引数量その他の取引条件（機能・リスクを含みます）が同様の状況下での取引であること。

（内部比較対象取引(1)）

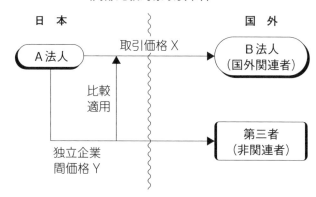

（内部比較対象取引(2)）

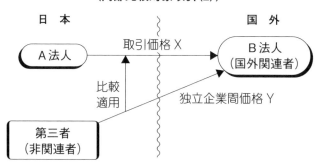

(外部比較対象取引)

日　本		国　外

- A法人
- 取引価格 X
- B法人（国外関連者）
- 比較適用
- 第三者（非関連者）
- 独立企業間価格 Y
- 第三者（非関連者）

(注)　上記の例では、関連者間取引価格 X が独立企業間価格 Y を下回っている場合には、関連者間取引価格 X は価格 Y とみなして Y − X に相当する価格につき移転価格の調整が発生します（関連者間価格 X が独立企業間価格 Y を上回っている場合には移転価格の調整は発生しません）。

ロ 再販売価格基準法： 再販売価格から通常の利潤の額（売上総利益の額）を控除した金額を使用

　国外関連取引における再販売者の販売機能に着目して、同種又は類似の棚卸資産を同様の機能を果たし同様のリスクを負担するなど同様の取引条件の下で販売している第三者の通常の利潤の率（売上総利益率）を国外関連取引の再販売者に適用して、再販売者として得るべき通常の利潤の額を算定し、再販売者の販売価格から当該通常の利潤の額を控除した金額を独立企業間価格として使用する方法です。通常の利潤の率（売上総利益率）の算定は、国外関連者が第三者から購入し第三者へ販売を行っているものがある場合にはそれを使用することができる（内部比較対象取引の使用）とともに、第三者間の再販売を使用することもできます（外部比較対象取引の使用）。

　この方法は、次の原価基準法と同様に棚卸資産の類似性というよりも、再販売者の果たしている機能、負担しているリスク等に注目していることから、棚卸資産の同種性は要求されず、同種又は類似の棚卸資産とされています。

　しかし、棚卸資産の同種性又は類似性の差異、果たしている機能・負担しているリスク等の取引条件の差異が売上総利益率に影響を及ぼしているときはその差異の調整が必要となります。

　差異の調整ができない場合には当該取引を比較対象取引とすることはできず、差異の調整が可能な取引を比較対象取引として再販売価格基準法を用いることになります（なお、その必要な調整を加えることができない場合の軽微な差異調整方法については「**重要事項**

解説」の 1 （75頁）を参照して下さい）（措令39の12⑥、措規22の
10②〜⑤）。

例示（輸出取引の場合）

再販売に係る通常の利潤の額（売上総利益の額）の算定

要件　① 　同種又は類似の棚卸資産であること。

　　　　② 　取引段階、取引数量その他の取引条件（機能・リスクを含みます）
　　　　　が同様の状況下での取引であること。

（内部比較対象取引）

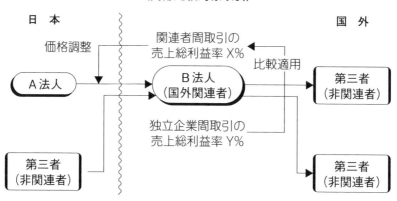

（外部比較対象取引）

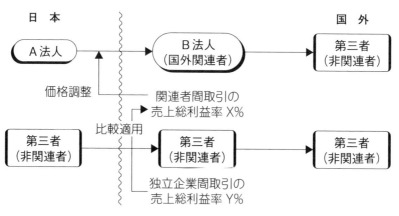

（注）　上記の例では、関連者間取引の売上総利益率Ｘ％が独立企業間取引
　　　の売上総利益率Ｙ％を上回っている場合には関連者間取引の売上総利

益率はY％であるとみなして、A法人とB法人（国外関連者）の取引
価格はX％－Y％に相当する移転価格の調整が発生します（X％がY
％を下回っている場合には移転価格の調整は発生しません）。

ハ 原価基準法： 原価の額に通常の利潤の額（売上総利益の額）を加算した金額を使用

国外関連取引における製造者の製造機能に着目して、同種又は類似の棚卸資産を同様の機能を果たし同様のリスクを負担するなど同様の取引条件の下で製造している第三者の通常の利潤の率（原価マークアップ率）を国外関連取引の製造者に適用して、製造者として得るべき通常の利潤の額を算定し、製造者の製造原価に当該通常の利潤の額を加算した金額を独立企業間価格として使用する方法です。通常の利潤の率（原価マークアップ率）の算定は、国外関連取引の製造者が第三者に販売を行っているものがある場合にはそれを使用することができる（内部比較対象取引の使用）とともに、第三者である製造者の第三者への販売も使用することができます（外部比較対象取引の使用）。

この方法は、先の再販売価格基準法と同様に棚卸資産の類似性というよりも、製造者の果たしている機能、負担しているリスク等に注目していることから、棚卸資産の同種性は要求されず、同種又は類似の棚卸資産とされています。

しかし、棚卸資産の同種性又は類似性の差異、果たしている機能・負担しているリスク等の取引条件の差異が原価マークアップ率に影響を及ぼすときはその差異の調整が必要となります。

差異の調整ができない場合には当該取引を比較対象取引とすることはできず、差異の調整が可能な取引を比較対象取引として原価基準法を用いることになります（なお、その必要な調整を加えることができない場合の軽微な差異調整方法については**「重要事項解説」**

の1（75頁）を参照して下さい）（措令39の12⑦、措規22の10②〜
⑤）。

例示（輸出取引の場合）

製造に係る通常の利潤の額（原価マークアップ率）の算定
要件 ① 同種又は類似の棚卸資産であること。
② 取引段階、取引数量その他の取引条件（機能・リスクを含みます）
が同様の状況下での取引であること。

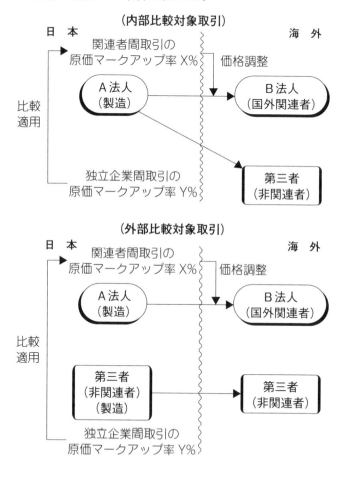

（内部比較対象取引）

日 本　　　　　　　　　　　　　　　　　　　　　海 外

関連者間取引の
原価マークアップ率 X%　　　価格調整

A法人
（製造）

B法人
（国外関連者）

比較
適用

第三者
（非関連者）

独立企業間取引の
原価マークアップ率 Y%

（外部比較対象取引）

日 本　　　　　　　　　　　　　　　　　　　　　海 外

関連者間取引の
原価マークアップ率 X%　　　価格調整

A法人
（製造）

B法人
（国外関連者）

比較
適用

第三者
（非関連者）
（製造）

第三者
（非関連者）

独立企業間取引の
原価マークアップ率 Y%

（注）　上記の例では、関連者間取引の原価マークアップ率X％が独立企業
間取引の原価マークアップ率Y％を下回っている場合には関連者間取

引の原価マークアップ率はY％であるとみなして、A法人（製造）と
B法人（国外関連者）の取引価格にはY％－X％に相当する移転価格
の調整が発生します（X％がY％を上回っている場合には移転価格の
調整は発生しません）。

(2)　政令で定める方法の具体例（措法66の4②一二、66の4の3② 一二、67の18②、措令39の12⑧、39の33の4③、39の12の3①）

イ　利益分割法（Profit Split Method 略して PS 法）

(イ)　比較利益分割法：　非関連者間の配分割合を用いて合算営業 利益を分割する方法（措令39の12⑧一イ等）

　　比較利益分割法は、国外関連取引と同種又は類似の棚卸取引 の非関連者による購入、製造その他の行為による取得及び販売 （比較対象取引）に係る所得の配分に関する割合に応じて法人 及び国外関連者に帰属するものとして計算した金額をもって国 外関連取引の対価の額とする方法です。比較対象取引と国外関 連取引において当事者の果たす機能その他において差異がある 場合には、その差異により生ずる割合の差について必要な調整 を加えた後の割合を使用することになります（なお、その必要 な調整を加えることができない場合の軽微な差異調整方法につ いては**「重要事項解説」**の 1 （75頁）を参照して下さい）（措 令39の12⑧一イ、措規22の10②～⑤）。

　　国外関連取引と同種又は類似の棚卸資産の販売等を行ってい る非関連者間取引を比較対象取引としなくてはなりませんので、 公表されている情報によって適正な比較対象取引が常に把握で きるとは限りません。OECD 移転価格ガイドラインは、ジョ イント・ベンチャー取極（たとえば、石油・ガス産業における 開発プロジェクト、製薬業界の提携、共同マーケティング又は 共同販促に関する取極、独立した音楽レコード会社と音楽家と

の間の取極、金融サービス分野における非関連者間の契約など）を例示していますが（OECD ガイドライン　パラ2.139）公表されている情報は限定的であり、適正な独立企業間価格を算定できるか課題が残ると思います。

例示（非関連者間の配分割合の比較）

非関連者間の配分割合の算定

要件　① 同種又は類似の棚卸資産であること。
　　　　② 当事者の果たす機能その他において同様の状況下で行われていること。

非関連者間取引の合算営業利益の額

↓**この配分状況を適用**

関連者間取引の合算営業利益の額

（注）　上図はA法人と国外関連者の取引と同種又は類似の棚卸資産の非関連者間の購入・製造その他の行為による取得及び販売取引における、合算で100の営業利益の配分状況がM法人が70、非関連者が30の場合の例示です（国外関連者間取引と非関連者間取引において当事者の果たす機能その他において差異がないことが前提となります）。関連者間取引の合算営業利益はA法人、国外関連者間に70：30の分配割合が適用され、それによって得られる額をA法人の国外関連取引の対価の額とみなされます。A法人の営業利益の実績が対

価の額とみなされた額を下回っている場合には移転価格の調整が発生します（上回っている場合には移転価格の調整は発生しません）。

(ロ)　**寄与度利益分割法：　合算営業利益を所得の発生に寄与した程度を推測できる要因によって分割する方法（措令39の12⑧一ロ等）**

　寄与度利益分割法は、国外関連取引に係る棚卸資産の法人及び国外関連者による販売等に係る所得の発生に寄与した程度を推測するに足りる支出した費用の額、使用した固定資産の価額その他の要因に応じて法人と国外関連者との間に配分された金額をもって国外関連取引の対価の額とする方法です。すなわち、国外関連取引を通じて生ずる総和の利益を、独立企業の原則の下で結ばれた契約であれば、そこで反映するであろう利益の配分を求めるべく、その利益の発生に寄与した経済的に有効な要因に基づいて、その利益を分割するものです。

　OECD移転価格ガイドラインは、従来、寄与度利益分割法について否定的な考え方を採っていましたが、2010年7月改正において肯定的な考え方を採るとともに、利益分割ファクターとして、資産ベースあるいは原価ベースの配分キーを規定しました（OECDガイドライン　パラ2.138〜2.151）。そこでは、どの配分キーを採用するとしても価値の創出との間に強い相関関係がなくてはならないと規定しています。恣意的な配分とならないよう慎重な判断が要請されます。

例示（合算営業利益の分割）

合算営業利益の分割割合の算定

要件　分割要因は、支出した費用の額、使用した固定資産の価額その他
所得の発生に寄与した程度を推測するに足りるものであること。

関連者間取引の合算営業利益の額

A法人
60％
（分割割合）

分割

国外関連者
40％
（分割割合）

（注）　上図は所得の発生に寄与した程度を推測するに足りる分割要因の
比率は、法人60、国外関連者40の場合の例示です。関連者間取引の
合算営業利益はA法人、国外関連者間に60：40の分配割合が適用さ
れ、それにより得られた額がA法人の国外関連取引の対価の額とみ
なされます。A法人の営業利益の実績が対価の額とみなされた額を
下回っている場合には移転価格の調整が発生します（上回っている
場合には移転価格の調整は発生しません）。

(ハ)　**残余利益分割法（Residual Profit Split Method 略して
RPSM）：　合算営業利益を二段階に区分して配分。まず、国
外関連取引に係る基本的利益を法人と国外関連者に配分し、残
った利益（残余利益）を法人と国外関連者の有する独自の機能
の価値に応じて配分する方法（措令39の12⑧一ハ等）**

残余利益分割法は、法人及び国外関連者双方（一方だけに存
在する場合には適用できません）に独自の機能が存在し、残余
利益の発生に貢献している場合に適用されます。

残余利益分割法を適用する場合の第一段階の基本的利益の配
分は、独自の機能を果たさない非関連者間取引において得られ

る所得を再販売価格基準法を適用する場合の通常の売上高総利
益率及び原価基準法を適用する場合の原価マークアップ率並び
に取引単位営業利益法を適用する場合の売上高営業利益率、総
原価営業利益率及び営業費用売上総利益率のいずれか最も適切
な算定方法を使用して行われます（最適方法のルールの適用が
あります）。（なお、基本的利益の算定過程において、その必要
な調整を加えることができない場合の軽微な差異調整方法につ
いては**「重要事項解説」**の1（75頁）を参照して下さい）（措
令39の12⑧一ハ(1)、措規22の10②～⑤）。

　売上高総利益率、原価マークアップ率及び営業費用売上総利
益率を適用して基本的利益を算定する場合には粗利益の分割を
前提としており、取引高営業利益率及び総原価営業利益率を適
用して基本的利益を算定する場合には営業利益の分割を前提と
しています。時には、粗利益を分割した後、各企業で発生した
又は各企業に帰属すべき費用を控除することが適切な場合もあ
ることから、個々の事案の状況に応じて、法人及び国外関連者
に係る売上総利益の合計額を分割することができるとされてい
ます。基本的利益の算定において、複数の比較対象取引が存在
する場合には、原則として、当該取引に係る割合の平均値等を
用いることとされています。国税庁は残余利益分割法の適用に
係る課税所得を一義的に定める必要があることから基本的利益
の計算において基本的取引が複数存在する場合には、平均値等
を用いるとしています（事務運営要領4－10）。

　残余利益分割法を適用する場合の第二段階の残余利益等（分

割対象利益等と法人及び国外関連者に係る基本的利益の合算額との差額）は、国外関連取引に係る棚卸資産の販売等において法人及び国外関連者が独自の機能を果たすことによりこれらの者に生じた所得となります。租税特別措置法施行令第39条の12第8項第一号ハは、従来、租税特別措置法通達で規定されていた「重要な無形資産」という概念よりも広いと考えられる概念である「独自の機能」という用語を使用しています。「重要な無形資産」という用語については、その定義が不明確であったことから産業界等から裁量範囲が不明確であるとの批判がありましたが、「独自の機能」という用語についても、同様の問題が生じることが懸念されます。租税特別措置法通達では、独自の機能とは、基本的な製造・販売等の機能ではもたらされない利益の発生に貢献している機能として、たとえば、法人及び国外関連者が無形資産を用いることにより基本的活動のみを行う法人では果たし得ない機能を挙げています。また、事務運営要領の事例8では基本的活動のみを行う法人との比較における、「高い」製品認知度、「充実した」小売店舗網、「独自の」技術、「低い」製造原価、等を挙げています。残余利益等を法人及び国外関連者で配分するに当たっては、その配分に用いる要因として、たとえば、法人及び国外関連者が無形資産を用いることにより独自の機能を果たしている場合には、当該無形資産による寄与の程度を推測するに足りるものとして、これらの者が有する無形資産の価額、無形資産の開発のために支出した費用の額等を用いることができると規定しています（措通66の4(5)–

4 ）。

例示（合算営業利益を二段階で分割）

合算営業利益の二段階での分割割合の算定

要件　①　法人及び国外関連者双方に独自の機能が存在すること。
　　　②　超過収益が存在すること。
　　　③　第一段階として基本的利益を配分すること。
　　　④　第二段階として残余利益をたとえば無形資産を用いることにより独自の機能を果たしている場合には、無形資産の価値等に応じて配分すること。

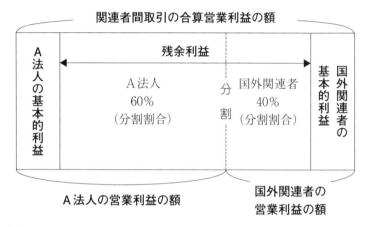

関連者間取引の合算営業利益の額

（注）1　基本的利益は独自の機能を有しない法人において通常得られる利益に相当する金額を算定します。

　　　2　残余利益分割ファクターは独自の機能の比を用いますが無形資産を用いることにより独自の機能を果している場合には、無形資産の開発のために支出した費用等の額によることが可能です。

　　　3　上図は、残余利益分割ファクターの比率が法人60、国外関連者40の場合の例示です。A法人の営業利益の額が残余利益分割法によって算定された額（基本的利益の額と残余利益配分額の合計額）を下回っている場合は算定された額が独立企業間価格とみなされ移転価格の調整が発生します（上回っている場合には移転価格の調整は発生しません）。

ロ　取引単位営業利益法（Transactional Net Margin Method 略して TNMM）

　取引単位営業利益法は、関連者取引における売手と買手の獲得した営業利益（率）と比較対象取引である第三者間取引における営業利益（率）を比較するものです。

　また、平成25年度の税制改正において、いわゆる「ベリー比」（売上総利益／営業費及び一般管理費）を利益水準指標とする取引単位営業利益法が認められました。

(イ)　取引単位営業利益法：　非関連者取引における売上高営業利益率を使用する方法（措令39の12⑧二等）：棚卸資産の購入が国外関連取引である場合の例

　国外関連者からの棚卸資産の対価の額の独立企業間価格として、「検証対象法人の非関連者に対する再販売価格から、当該再販売価格に比較対象取引における営業利益率を乗じて得た金額（非関連者間取引であれば得られたであろう営業利益）に検証対象法人の棚卸資産の販売のために要した販売費及び一般管理費等を加算した金額を控除した価格（購入対価の額）を求めるものです。

$$独立企業間価格（購入対価の額）＝再販売価格－\left(再販売価格×\begin{matrix}比較対象取引における\\売上高営業利益率\end{matrix}+販売費及び一般管理費の額\right)$$

　この算式は複雑なようにみえますが、棚卸資産の購入者の棚卸資産の購入対価の額は、

$$\begin{array}{c}購入対\\価の額\end{array} = \begin{array}{c}再販売\\価格\end{array} - \left(\begin{array}{c}再販売\\価格\end{array} \times \begin{array}{c}売上高営\\業利益率\end{array} + \begin{array}{c}販売費及び\\一般管理費\end{array}\right)$$

で求められますので、国外関連者からの棚卸資産の対価（仕入価格）の額の独立企業間価格は国外関連取引に比較対象取引における売上高営業利益率を適用して求めることを要請しているにすぎません。

　取引単位営業利益法においても、国外関連取引と比較対象取引との間の棚卸資産の同種性又は類似性、売手の果たす機能その他において類似性がなければならず、差異がある場合にはその差異により生ずる割合の差につき調整が必要です（なお、その必要な調整を加えることができない場合の軽微な差異調整方法については**「重要事項解説」**の1（75頁）を参照して下さい）（措令39の12⑧二、措規22の10②～⑤）。

例示（棚卸資産の輸入（購入）取引の場合）

購入対価の額の算定

要件　①　同種又は類似の棚卸資産であること。
　　　　②　売手の果たす機能その他において類似していること。

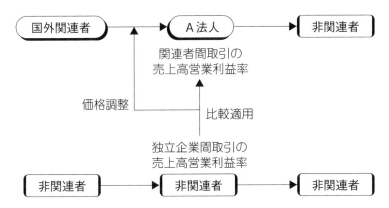

(注)1　国外関連取引が輸出取引の場合には、国外関連者が検証対象法人となり同様の方法が適用されます。

2　A法人の国外関連者からの購入対価の額を

$$再販売価格 - \left(再販売価格 \times \frac{独立企業間の売}{上高営業利益率} + \frac{A法人の販売費}{及び一般管理費}\right)$$

とする方法です。数式は複雑ですが要するにA法人の売上高営業利益率と独立企業間取引の売上高営業利益率を比較することによってA法人の購入に係る独立企業間価格（購入対価の額）を求めるものです。

3　A法人の国外関連者からの購入対価の額が上記2で求められた価格（独立企業の購入対価の額）を上回っている場合にその差額につき移転価格の調整が発生します（下回っている場合には移転価格の調整は発生しません）。

(ロ)　**取引単位営業利益法：　非関連取引における総原価営業利益率を使用する方法（措令39の12⑧三等）：棚卸資産の販売が国外関連取引である場合の例**

　　法人が購入、製造その他の行為により取得した棚卸資産を国外関連者に販売した時の独立企業間価格として、「法人の取得原価に法人の製造等に要したフルコストに対し比較対象会社に

おけるフルコスト営業利益率を乗じた金額に法人の販売費及び一般管理費を加算した金額（販売対価の額）を求めるものです。

$$
\begin{array}{l}
\text{独立企業} \\
\text{間 価 格} \\
\text{（販売対} \\
\text{価の額）}
\end{array}
=
\begin{array}{l}
\text{購入、製造そ} \\
\text{の他の行為に} \\
\text{よる取得原価} \\
\text{の額（以下「取} \\
\text{得原価の額」} \\
\text{という。）}
\end{array}
+
\left(
\begin{array}{l}
\text{取得} \\
\text{原価} \\
\text{の額}
\end{array}
+
\begin{array}{l}
\text{販売費及び} \\
\text{一般管理費}
\end{array}
\right)
\times
\begin{array}{l}
\text{比較対象取} \\
\text{引における} \\
\text{総 原 価} \\
\text{（フルコスト）} \\
\text{営業利益率}
\end{array}
\begin{array}{l}
\text{販売費及} \\
\text{び一般管} \\
\text{理費の額}
\end{array}
$$

（総原価：フルコスト）

　この算式は複雑なようにみえますが、棚卸資産の販売者の棚卸資産の販売対価の額は、

$$
\begin{array}{l}
\text{販売対} \\
\text{価の額}
\end{array}
=
\begin{array}{l}
\text{取得原} \\
\text{価の額}
\end{array}
+
\left(
\text{総原価} \times
\begin{array}{l}
\text{総原価営} \\
\text{業利益率}
\end{array}
+
\begin{array}{l}
\text{販売費及び一} \\
\text{般管理費の額}
\end{array}
\right)
$$

で求められますので国外関連者への棚卸資産の対価（販売対価）の額の独立企業間価格は、国外関連取引に比較対象取引における総原価（フルコスト）営業利益率を適用して求めることを要請しているにすぎません。

　この取引単位営業利益法においても、国外関連取引と比較対象取引との間の棚卸資産の同種性又は類似性、売手の果たす機能その他において類似性がなければならず、差異がある場合にはその差異により生ずる割合の差につき調整が必要です（なお、その必要な調整を加えることができない場合の軽微な差異調整方法については**「重要事項解説」**の 1 （75頁）を参照して下さい）（措令39の12⑧三、措規22の10②〜⑤）。

例示（棚卸資産輸出（販売）取引の場合）

販売対価の額の算定

要件　①　同種又は類似の棚卸資産であること。
　　　　②　売手の果たす機能その他において類似していること。

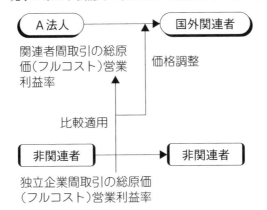

(注)1　総原価（フルコスト）とは、当該国外関連取引における取得原
　　　価の額と販売のために要した販売費及び一般管理費の額の合計額
　　　をいいます。

　　2　国外関連取引が輸入取引の場合には、国外関連者が検証対象法
　　　人となります。

　　3　A法人の国外関連者への販売対価の額を

$$取得価格 + \left(総原価 \times \begin{array}{c}独立企業間取引の\\総原価営業利益率\end{array} + \begin{array}{c}A法人の販売及\\び一般管理費\end{array} \right)$$

　　　とする方法です。数式は複雑ですが要するにA法人の総原価営業
　　　利益率と独立企業間取引の総原価営業利益率を比較することによ
　　　ってA法人の販売に係る独立企業間価格の額（販売対価の額）を
　　　求めるものです。

　　4　A法人の販売対価の額が上記で求められた金額（独立企業の販
　　　売対価の額）を下回っている場合にその差額につき移転価格の調
　　　整が発生します（上回っている場合には移転価格の調整は発生し
　　　ません）。

(ハ)　**取引単位営業利益法：　非関連者取引におけるベリー比を使用して国外関連取引の購入対価の額を算定する方法（措令39の12⑧四等）の例**

　国外関連者からの棚卸資産の購入対価の額の独立企業間価格として、「国外関連取引に係る棚卸資産の再販売価格から、当該国外関連取引に係る棚卸資産の販売のために要した販売費及び一般管理費の額に比較対象取引のベリー比を乗じて算定した金額」を控除した金額を使用します。

　ベリー比は次の算式で算定されます。

$$\left(\text{営業利益の額} + \begin{array}{l}\text{販売費及び一般}\\\text{管理費}\end{array} \right) \div \begin{array}{l}\text{販売費及び一般}\\\text{管理費}\end{array}$$

　ベリー比を利益水準指標とする取引単位営業利益法においても、国外関連取引と比較対象取引との間の棚卸資産の類似性、売手の果たす機能その他において類似性がなければならず、差異がある場合には調整が必要です（なお、その必要な調整を加えることができない場合の軽微な差異調整方法については**「重要事項解説」**の1（75頁）を参照して下さい）（措令39の12⑧四、措規22の10②～⑤）。

例示（輸入取引の場合）

購入対価の額の算定

要件　①　同種又は類似の棚卸資産であること。
　　　　②　売手の果たす機能その他において類似していること。

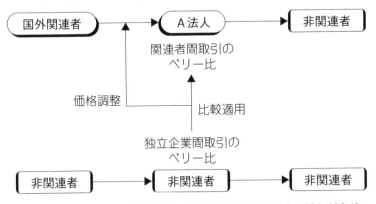

(注) 1　国外関連取引が輸出取引の場合には、国外関連者が検証対象法人となり同様の方法が適用されます。

　　 2　Ａ法人の国外関連者からの購入対価の額を

$$\text{非関連者に対する再販売価格} - \left(\text{Ａ法人の販売費及び一般管理費} \times \text{独立企業間取引のベリー比}\right)$$

とする方法です。

　　 3　Ａ法人の国外関連者からの購入対価の額が上記2で求められた価格（独立企業の購入対価の額）を上回っている場合にはその差額につき移転価格の調整が発生します（下回っている場合には移転価格の調整は発生しません）。

㈡ **取引単位営業利益法： 非関連者取引におけるベリー比を使用して国外関連者取引の販売対価の額を算定する方法（措令39の12⑧五等）の例**

　国外関連者への棚卸資産の販売対価の額の独立企業間価格として「国外関連取引に係る棚卸資産の売手の購入その他の行為による取得原価の額に、当該国外関連取引に係る棚卸資産の販売のために要した販売費及び一般管理費の額に比較対象取引のベリー比を乗じて算定した金額」を加算した金額を使用します。

　ベリー比は次の算式で算定されます。

$$\left(営業利益の額 + \frac{販売費及び一般}{管理費} \right) \div \frac{販売費及び一般}{管理費}$$

　ベリー比を利益水準指標とする取引単位営業利益法においても、国外関連取引と比較対象取引との間の棚卸資産の類似性、売手の果たす機能その他において類似性がなければならず、差異がある場合には調整が必要です（なお、その必要な調整を加えることができない場合の軽微な差異調整方法については「**重要事項解説**」の1（75頁）を参照して下さい）（措令39の12⑧五、措規22の10②〜⑤）。

例示（輸出取引の場合）

販売対価の額の算定

要件　①　同種又は類似の棚卸資産であること。
　　　　②　売手の果たす機能その他において類似していること。

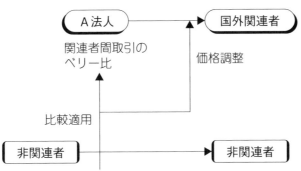

(注)1　国外関連取引が輸入取引の場合には、国外関連者が検証対象法人となり同様の方法が適用されます。

　2　A法人の国外関連者への販売対価の額を

$$取得原価の額 + \left(\begin{array}{c} A法人の販売費 \\ 及び一般管理費 \end{array} \times \begin{array}{c} 独立企業間取 \\ 引のベリー比 \end{array} \right)$$

とする方法です。

　3　A法人の国外関連者への販売対価の額が上記2で求められた価格（独立企業の販売対価の額）を下回っている場合にはその差額につき移転価格の調整が発生します（上回っている場合には移転価格の調整は発生しません）。

ハ　ディスカウント・キャッシュ・フロー法（DCF法）：棚卸資産取引及び棚卸資産取引以外の取引により予測される利益の額を割引率を用いて対価の額とする方法（措令39の12⑧六等）の例

　令和元年（2019年）の税制改正によって、棚卸資産取引及び棚卸資産取引以外の取引の両取引の独立企業間価格の算定方法としてディスカウント・キャッシュ・フロー法（以下、DCF法といいます）及びDCF法に準ずる方法（棚卸資産取引以外の取引の場合には、DCF法と同等の方法及びDCF法に準ずる方法と同等の方法）が認められました（措法66の4②一ニ、二、措令39の12⑧六、七）。

　DCF法は、「国外関連取引に係る棚卸資産の使用その他の行為による利益（これに準ずるものを含みます）が生ずることが予測される期間内の日を含む各事業年度の当該利益の額として当該販売又は購入の時に予測される金額を合理的と認められる割引率を用いて当該棚卸資産の販売又は購入の時の現在価値として割り引いた金額の合計額をもって当該国外関連取引の対価の額とする方法」をいいます（措令39の12⑧六）。

　DCF法は、国外関連取引に係る信頼性の高い比較対象取引を見出すことが困難な場合の算定方法ですが、販売又は購入時に予測される利益金額という不確実な要素を用いなければならないという欠点もあります。

　日本の移転価格税制では、棚卸資産取引に対してもDCF法の適用を認めていますが、OECD移転価格ガイドライン（2017年7月版）ではその第6章（無形資産に対する特別の配慮）で、信頼し得る比較対象取引が把握できない場合においては、評価テクニックを使用

して、関連者間で移転した無形資産の独立企業間価格を見積もることが可能かもしれないとし、無形資産の移転取引に限定してDCF法適用の可能性と有用性に言及しています。

わが国がOECD移転価格ガイドラインと異なり、棚卸資産取引における独立企業間価格の算定方法としてDCF法が法令に規定されたのは、現行の独立企業間価格の算定方法がすべて棚卸資産取引をベースに規定されているためです。

この点、移転価格事務運営要領4-3では、「最も適切な方法の候補がDCF法を含めて複数ある場合には、DCF法以外の候補である算定方法の中から最も適切な方法を選択することに留意する」としています。

DCF法を適用して独立企業間価格を算定する場合に不可欠な計算要素には次の3つがあります。

① **予測利益**

② **割引率**

③ **予想期間**

例示（無形資産の販売対価の算定）

要件　① 日本法人は国外関連者に対して、特許権及び製造ノウハウを譲渡していること。

② 国外関連者は、自ら研究開発を行うことなく日本法人から譲り受けた特許権及び製造ノウハウを使用して製品Aの製造を行い、非関連者に販売していること。

③ 当該譲渡取引は、取引時において対価の総額が確定されて行

われたものであること。

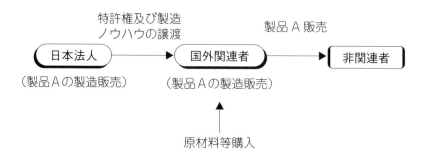

特許権及び製造
ノウハウの譲渡　　　　　　製品A販売

日本法人　　→　　国外関連者　　→　　非関連者

（製品Aの製造販売）　　（製品Aの製造販売）

原材料等購入

(注)1　日本法人が譲渡した特許権及び製造ノウハウは、日本法人の研究開発活動によって生み出された独自技術であり、製品Aの製造販売事業の所得の源泉となる無形資産である。

2　CUP法と同等の方法、RP法と同等の方法、CP法と同等の方法、TNMM と同等の方法及びこれらの方法に準ずる方法と同等の方法を適用する上での比較対象取引の候補を見いだすことができない。

又、双方による独自の価値ある機能の寄与が認められないことから RPSM と同等の方法及びこれに準ずる方法と同等の方法を適用できない。

3　国外関連者の製品Aの製造販売事業について、事業計画や特許権の残存有効期間、技術の陳腐化状況等から製品Aの製造販売事業に係る利益を合理的に予測することができる。

4　予測利益の金額について、合理的と認められる割引率を用いて国外関連取引時における割引現在価値を算出できる。

5　上記のことから、ディスカウント・キャッシュ・フロー法に準ずる方法と同等の方法を最も適切な方法として適用するのが妥当である。

（事務運営要領参考事例集事例 9 を参照）

重要事項解説

1　軽微な差異調整方法（令和元年改正）

　国外関連取引と比較対象取引に差異（調整対象差異）がある場合には、その差異により生ずる利益率等の割合の差について必要な調整を加えることとされていました。必要な調整を加えることができない場合には比較対象取引として用いることができませんでした。令和元年の改正によって、定量的に把握することが困難な差異が、その差異以外の調整対象差異につき必要な調整を加えるものとした場合に計算される割合（調整済割合）に及ぼす影響が軽微であると認められるときは、統計的手法（いわゆる四分位法）を用いた差異調整により算出した割合を用いて独立企業間価格を算定することができることとされました（措令39の12⑥〜⑧、措規22の10②〜⑤）。

　統計的手法とは、四以上の比較対象取引に係る調整済割合につき最も小さなものから順次その順位を付し、その順位を付した調整済割合の個数の100分の25に相当する順位の割合から100分の75に相当する順位の割合までの間にある当該四以上の比較対象取引に係る調整済割合の中央値とするとしています。

　移転価格事務運営要領4－6では「中央値による調整を行うことができる場合において、国外関連取引の対価の額が四以上の比較対象取引に係る調整済割合につき四分位レンジが算定されているときは、当該国外関連取引については移転価格課税を行わない」としています。

2　ベリー比とは

　ベリー比は米国の経済学者 Charles H. Berry 氏が提案した利益水準指標ですが「粗利益÷販売費及び一般管理費」で表わされます。平成25年度の税制改正においてベリー比を独立企業間価格の算定方法（TNMM の利益水準指標の1つとして）とすることが認められました。この利益水準指標の使用について OECD 移転価格ガイドラインでは、

遂行された機能の価値が営業費用に比例していること、遂行された機能の価値が販売された製品の価値によって重要な影響を受けていないこと、報酬が支払われるべき他の重要な機能を遂行していないことの要件を満たす必要があるとしています（OECD ガイドライン　パラ2.101）（措令39の12⑧四・五等）。

3　ROA（Return on Asset）の使用は可能か

　わが国の取引単位営業利益法は原価あるいは売上に対する営業利益の比率（ベリー比は、販売費及び一般管理費に対する粗利益の比率）で表わした利益指標を用いることとしており、ROA の使用は認めていません（平成23年度の改正前は、事務運営要領において残余利益分割法を適用する場合の基本的利益の算定方法として認めていましたが、改正後は ROA の使用を否定しています）。OECD 移転価格ガイドラインパラグラフ2.97等では資産（Asset）なども使用可能としていること（特定の製造又は資産集約的な活動及び資本集約的な金融活動など、原価や売上よりも資産が検証当事者による付加価値のよりよい指標となる場合には、資産に対する（又は資本に対する）収益が用いられる。その場合には営業用資産のみが用いられることとなり、土地建物、工場及び設備等の有形固定資産、特許及びノウハウ等の事業に使用される無形営業資産、棚卸資産及び売掛債権（買掛債務を差し引く）等の運転資本資産が含まれる。金融業センター以外では一般に、投資及び現金残高は営業資産ではない）を考慮するとわが国においても取引単位営業利益法に準ずる方法として認められる余地があるのではないかと思いますが現時点では否定されています。しかし、国際課税問題における OECD 移転価格ガイドラインは重要な役割を果たしていることを考慮すべきであると考えます。

　なお、ROE（Return on Equity）という自己資本に対する純利益の比率を用いる考え方があります。この考え方は株主資本の効率性を図る指標としては優れていますが、有利子負債の財務レバレッジを上昇させることにより ROE を上昇させることが可能であることから、指標の信頼

性は ROA に劣ると言われています。

4　超過利益の発生要因

　租税特別措置施行令第39条の12第 8 項第一号ハに規定されている残余利益分割法はその適用要件として「独自の機能」が存在することを掲げています。独自の機能とは、基本的な製造・販売等の機能ではもたらされない利益の発生に対して貢献している機能であると解されていますが、基本的な製造・販売等の機能ではもたらされない利益の発生原因には様々なものがあり（たとえば、政府規制、優遇税制、為替の変動、一時産品価格の変動、稼働率の変動等）、独自の機能によって発生する利益との区分が不明確となるおそれがあります。国税庁は、残余利益の発生原因については、必ずしも独自の機能のみにより生じた所得に限定されるものではなく、それ以外の利益等も含まれること、及びそれらが含まれた上で、分割要因により分割されるとしています。しかし、分割要因により分割するとしても独自の機能により生じた所得の分割要因とそれ以外の分割要因に区分して分割するのかあるいは独自の機能の分割要因のみにより分割するのか難しい判断が必要ではないかと考えます。やはり、合算利益の発生要因を詳細に分析し、基本的利益の算定において使用される比較対象取引の比較可能性を十分に確保して基本的利益の配分を行い、その上で残余利益の配分が行われるべきではないかと考えます。

　国税庁は、独自の機能について、基本的活動のみを行う法人との比較における高い製品認知度、充実した小売販売網、独自の技術等が該当するとしています。

　なお、東京地方裁判所（令和 2 年11月26日（平成28（行ウ）第586号）では、残余利益の分割方法についての国の主張を斥けて「自動車の排ガス規制を強化する Euro 規制が導入されたことで EU 市場において本件製品が急増したことなどからポーランドの会社において、高い売上高と売上高営業利益率が生じたことで、残余利益が発生した」と認定しています。その上で、「重要な無形資産とともに他の複数の利益発生要因が

重なり合い、相互に影響しながら一体となって得られた超過収益（残余利益）について、合理的に配分するためには、重要な無形資産以外の利益発生要因に関しても、当該法人又は国外関連者が支出した人件費の額や投下資本の額など、その寄与の程度にふさわしい要因（分割要因）を適切に考慮すべきである」と判旨しています。残余利益の発生要因を慎重に分析する必要があることを示した注目すべき判決だと思います。

5 DCF 法に関する OECD における議論

　平成24年（2012年）以降 OECD は多国間協調による国際課税ルールの再構築を目指して15の行動計画を策定し、最終報告書を平成27年（2015年）に公表しました。このうち行動 8 は、関連者間の無形資産の移転により生ずる「税源浸食と利益移転（Base Erosion and Profit Shifting：BEPS）を防止するための移転価格ルールを策定するための行動計画を掲げ、検討の結果として、無形資産の定義や評価困難な無形資産（Hard-to-value intangibles：HTVI）の移転価格に関する特別措置を策定し、平成29年（2017年）に移転価格ガイドラインを改定して公表しました。

　わが国は OECD 移転価格ガイドラインの規定を踏まえて、移転価格税制の改定を行いました。

　2010年移転価格ガイドラインでは、無形資産の評価方法の一つと用いられる可能性としてディスカウント・キャッシュ・フロー法（DCF 法）を容認していました。今回の改定は、当方法を算定方法として用いる場合の適切な利用を目的として無形資産の評価テクニックに関するガイドラインを詳細に規定しました。具体的には、当テクニックを使用する場合の重要な要素として、財務予測、成長率，割引率、無形資産の耐用年数等について詳細に規定しました。

　わが国は、令和元年（2019年）の税制改正において、ディスカウント・キャッシュ・フロー法（DCF 法）を導入しました。しかし、わが国の改正においては、その適用を無形資産に限定していません。有形資産

の評価においても用いることができるとされています。しかし、最適な独立企業間価格を選定する場合には、ディスカウント・キャッシュ・フロー法（DCF法）以外の方法の使用ができる場合には、ディスカウント・キャッシュ・フロー法（DCF法）以外の方法を使用しなくてはなりません。なお、事業再編においては、無形資産取引と同様に比較対象取引の選定が困難となる場合にはディスカウント・キャッシュ・フロー法（DCF法）が最適な価格算定方法に該当し得ると考えられるとしています。

DCF 法の適用（イメージ）

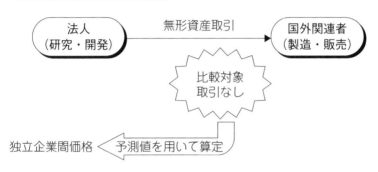

＝予測利益の割引現在価値の合計額

$$= \frac{50}{(1+r1)} + \frac{40}{(1+r1)(1+r2)} + \frac{30}{(1+r1)(1+r2)(1+r3)} + \cdots + \frac{\bigcirc\bigcirc}{(1+r1)(1+r2)\cdots(1+rn)}$$

rn＝割引率：無形資産を使用する事業に係るリスク、
期待利回り等を勘案して決定される利率など

予測値	予測期間				
	X1年	X2年	X3年	……	Xn年
無形資産の使用等による予測売上	100	80	60		××
無形資産の使用等による予測費用	50	40	30		△△
無形資産の使用等による予測利益	50	40	30		○○

（出典：「令和元年版　税制改正のすべて」594頁）

比較可能性 （措通66の4⑶、66の4の3⑵、67の18）

　租税特別措置法第66条の4（措法66の4の3及び措法67の18の規定を含みます）の規定の運用上、比較対象取引に該当するか否かにつき国外関連取引（本店等と PE 間の内部取引を含みます。以下同様です）と非関連者間取引との類似性の程度を判断する場合には、法人・国外関連者及び非関連者の事業の内容等とともに、次に掲げる諸要素の類似性を勘案することが必要です。

　① 棚卸資産の種類、役務の内容等
　② 売手又は買手の果たす機能
　③ 契約条件
　④ 市場の状況
　⑤ 売手又は買手の事業戦略

　比較対象取引の選定に当たっては、これらの諸要素の類似性が適切に検討されなくてはなりません。十分な検討が行われないで比較対象取引として選定することは、移転価格税制の基本である独立企業原則に反することとなります。

(1) 棚卸資産の種類、役務の内容等

　関連者間取引と非関連者間取引を比較する上において、上記①に

規定されている取引の対象となる「棚卸資産の種類、役務の内容等」の検討が重要です。独立価格比準法の場合には、棚卸資産あるいは役務等の「価格」そのものを比較することから、棚卸資産、役務等の類似性は非常に重要ですので、「同種」の棚卸資産、役務等であることが必要です。一方、再販売価格基準法、原価基準法及びその他政令で定める方法の場合には、価格そのものではなく「利益率」を比較することから、棚卸資産の類似性についての重要性は一般的に低いと考えられており、「同種又は類似」の棚卸資産と規定されています。

　この同種又は類似の棚卸資産について租税特別措置法通達では、国外関連取引に係る棚卸資産と性状、構造、機能等の面において同種又は類似である棚卸資産をいうとされています。一部について差異がある場合であっても、独立価格比準法の対価の額若しくは再販売価格基準法又は原価基準法の通常の利益率の算定又は比較利益分割法、残余利益分割法の基本的利益、取引単位営業利益法に規定する割合の算定に影響を与えない場合には、同一又は類似の棚卸資産として扱われます（措通66の4(3)−2、66の4の3(2)−2、67の18−1）。

(2)　売手又は買手の果たす機能

　上記②に規定されている売手又は買手の果たす機能の類似性については、売手又は買手の負担するリスク、売手又は買手の使用する無形資産（法令183条③イ〜ハに規定されている工業所有権等、著作権、無形固定資産のほか、顧客リスト、販売網等の重要な価値の

あるものをいいます。以下同様です）等も考慮して判断することになります。取引の当事者が果たした経済的に重要な活動及び責任をいい、たとえば「設計、製造、組立、研究開発、役務の提供、購入、販売、市場開拓、宣伝、輸送、資金管理及び経営」などが念頭におかれています。

(3) 契約条件

上記③に規定されている契約条件の類似性については、貿易条件、決済条件、返品条件、契約更改条件等に着目して検討する必要があります。

これらの条件は、一般には契約条件によって、責任、リスク及び便益をどのように当事者間で配分するのか、明確に又は暗黙的に示されている場合が多いと考えられます。

潜在的に比較可能な非関連者間取引の契約条件に関する情報は、特に外部比較対象が分析の基礎を提供する場合、限定的か利用不可能かのいずれかになる可能性があります。比較可能性の証明における情報不足の影響は、調査対象となる取引の類型及び適用される移転価格算定方法によって異なりますので留意が必要です（OECDガイドライン　パラ1.42外）。

(4) 市場の状況

上記④に規定されている市場の状況の類似性については、取引段階（小売り又は卸売り、一次問屋又は二次問屋等の別をいいます）、取引規模、取引時期、政府の政策（法令、行政処分、行政指導その

他の行政上の行為による価格に対する規制、金利に対する規制、使用料等の支払に対する規制、補助金の交付、ダンピングを防止するための課税、外国為替の管理等の政策をいいます）の影響等も考慮して判断する必要があります（政府の政策については、特に、これらの条件に照らした上で、関連者間で行われた取引が、独立企業間取引と矛盾しないかという検討が必要です）。

　市場の類似性を決定する上で関係する経済状況には、地理的場所、市場の規模、当該市場における競争の程度及び買手と売手の競争上の相対的地位、代替商品や代替役務の利用可能性又はリスク、市場に対する政府の規制の性格及び程度、地代、人件費、生産コスト、輸送コスト等が含まれます。また、サイクル（経済、景気又は製品のサイクル）の存在は、比較可能性に影響を及ぼす可能性があります（OECD ガイドライン　パラ1.110外）。

(5)　売手又は買手の事業戦略

　上記⑤に規定されている売手又は買手の事業戦略の類似性については、これらが価格や利益水準に影響を及ぼすことから売手又は買手の市場の参入時期等も考慮して判断する必要があります。

　(1)から(5)で述べた比較可能性の諸要素について、定性的に差異があると考えられる差異のすべてが定量的に調整できなければ比較対象取引として使用できないと考えるのか、重要な差異について調整できなければ比較対象取引として使用することはできないが、重要でない差異については調整できなくても比較対象取引として使用す

ることができると考えるのかが問題となります。また、重要な差異だけ調整するとしても差異が重要であるか否かの判断も問題となります。

　非関連者間取引と比較して移転価格税制に基づいて課税されることを考えると比較対象取引の選定及び価格や利益率等に及ぼす差異の識別、識別された差異の調整は極めて重要であることを認識する必要があります。定性的な差異が対価の額又は通常の利益率の算定に影響を与えるか否か慎重に検討する必要があります（軽微な差異調整方法については**「重要事項解説」**の1（75頁）を参照して下さい）。

　なお、「棚卸資産・役務の同種性、類似性」「売手又は買手の果たす機能」「契約条件」「市場の状況」「売手又は買手の事業戦略」の類似性は基本三法だけでなく基本三法に準ずる方法、その他政令で定める方法（残余利益分割法、取引単位営業利益法等）の適用においても要求される要件であることはいうまでもありません。

重要事項解説

1　差異の調整が必要な場合とは

　比較対象取引に関する諸要素に差異がある場合には差異の調整が必要
となり、調整ができない場合には比較対象取引として使用することがで
きません（事務運営要領4－4では、調整の対象となる差異は、独立価
格比準法の適用における対価の額若しくは再販売価格基準法、原価基準
法の適用における通常の利益率の算定又は政令で定める方法の適用にお
ける割合の算定に影響を及ぼすことが客観的に明らかである場合である
としています）。

　なお、利益率等の差を調整してもなお定量的に把握することが困難な
差異が存在する場合であっても、調整済割合（措規22の10②に規定する
調整済割合）に対する当該差異の影響が軽微であると認められるときは、
事務運営要領4－5（差異の調整における統計的手法の適用に当たって
の留意事項）に定めるところにより中央値による調整を行うことができ
ます（事務運営要領4－4）。

　平成20年10月30日東京高裁判決では、果たしている機能及び負担して
いるリスクの差異について、「本件比較対象取引において控訴人（納税
者）が果たしている機能と、本件比較対象取引において本件比較対象法
人が果たしている機能とを比較するに、本件国外関連取引は、本件各業
務委託契約に基づき、本件国外関連者に対する債務の履行として、卸売
業者等に対して販売促進等のサービスを行うことを内容とするものであ
って、法的にも経済的実質においても役務提供取引と解することができ
るのに対し、本件比較対象取引は、本件比較対象法人が対象製品である
グラフイックソフトを仕入れてこれを販売するという再販売取引を中核
とし、その販売促進のために顧客サポート等を行うものであって、控訴
人と本件比較対象法人とがその果たしている機能において看過しがたい
差異があることは明らかである。……（中略）……本件国外関連取引に
おいて控訴人が負担するリスクと、本件比較対象取引において本件比較

対象法人が負担するリスクとを比較するに、控訴人は、本件各業務委託契約上、本件国外関連者から、日本における純売上高の1.5％並びに控訴人のサービスを提供する際に生じた直接費、間接費及び一般管理販売費の配賦額の一切に等しい金額の報酬を受けるものとされ、報酬額が必要経費の額を割り込むリスクを負担していないのに対し、本件比較対象法人は、その売上高が損益分岐点を上回れば利益を得るが、下回れば損失を被るのであって、本件比較対象取引はこのリスクを想定（包含）した上で行なっているのであり、控訴人と本件比較対象法人とはその負担するリスクの有無においても基本的な差異があり、これは受注販売形式を採っていたとしても変わりがない。本件比較対象取引において、この負担リスクが捨象できる程軽微であったことについては、これを認めるに足りる適格な証拠はない」として比較可能性を否定しています。

　平成18年10月13日高松高裁判決（平成19年4月10日最高裁決定）では、差異の調整が必要な場合として、「調整は、選択された非関連者取引（比較対象取引）について、比較対象取引として合理性を確保するために行なうものであるから、調整の対象の差異が取引価格の差（著者注：本件は独立価格比準法を採用していることから、利益率という表現ではなく取引価格の差としています）に表れていることが客観的に明らかであると認められる場合に限って行なわれるべきものと解すべきであることからすれば、控訴人（納税者）の主張するように、調整の対象となる差異には「対価の額の差」を生じさせ得るものすべてを含むものと解すべきではなく、対価の額に影響を及ぼすことが客観的に明らかであるものに限られるものというべきである」として差異の調整が必要な場合を限定しています。その上で納税者の主張する事業戦略に起因する差異、投下費用に起因する差異、取引数量に起因する差異等について個々に検討して、差異の調整を行う必要はないと判示しています。

　平成20年7月11日大阪高裁判決では納税者が主張した取引段階の差異、取引数量の差異、取引市場の差異等について控訴人（納税者）の通常の

利益率に何らかの影響を与え得る差異が存在することを裏付けるに足りる証拠を容易に提出し得る地位にあることから、被控訴人が取引態様等に照らし通常の利益率に影響を与え得る差異がないことについて相応の立証をした場合には、控訴人において上記の差異の存在について具体的に立証すべきであり、控訴人がこの点について十分な立証を行わない場合には、そのこと自体から反証がないものとして、そのような差異が存在しないものと推認することができると判示しています。

2 政府の規制がある場合はどうするのか

　政府の規制については、一般的な市場の条件として考えることは適切ではない場合があります。比較対象取引と考えられる取引も国外関連取引と同様の政府の規制がある場合には、当該取引は比較対象取引として使用することが可能な場合もありますが、同様の政府の規制を受けていない場合には、そもそも比較対象性がないことから、比較対象取引として使用することができないと考えます。もともと、公開されている情報ではこのような情報を入手できない場合が多いことから、何らかの特別な取扱いが必要であると考えますが、明確な基準が課税当局側から示されていません。比較対象取引も同様の政府規制を受けていることが客観的に明確である場合には比較対象取引として使用することができる場合もありますが、そうでない場合には比較対象取引として使用できないと考えるべきだと思います。

3 比較対象企業のスクリーニング

　比較対象取引の選定に当たっては、個々の比較対象取引を個別に見出すことは難しく、実際には、企業情報や財務データが掲載された外部情報、特に、データベースを使用するケースが多いと思われます。データベースによってそれぞれ特徴はありますが、質量などを考慮して選択されているようです。これらで得られる利益率等は個々の取引のデータというより取引の集合体のデータといえるでしょう。しかしながら、税法

では取引単位が基本ですので、比較対象取引（企業）として選定するためには、国外関連取引が含まれていないものや国外関連取引と類似する取引の集合体でなければなりません。多様な取引を行っている企業はセグメント情報が得られなければ、比較対象取引として採用することには疑問があります。データベースの内容を分析して、どの取引が比較対象として適切かを厳選する必要があります。

　また、この場合、比較対象取引（企業）が複数ある場合は、独立企業間価格に幅が形成されます。たとえば租税特別措置法通達66の4(3)-4では、「比較対象取引が複数存在し、独立企業間価格が一定の幅を形成している場合において、当該幅の中に国外関連取引の対価の額があるときは、移転価格課税を行わない」とされています。このことは、複数の比較対象取引が適正であることが前提ですので、それぞれの選定には慎重であるべきです。あまりにも幅が広い場合や異常値が算出される場合は、適切でない比較対象取引が選定されている可能性が高いといえ、再検討する余地があるのではないでしょうか。

4　比較対象取引の選定に係る作業において考慮する点（例）

比較対象取引候補の選定に用いる資料（例示）

● 法人又は国外関連者の取引資料（内部情報）
● 企業情報データベース（外部情報）
● 同業者団体等からの業界情報（外部情報）
● その他の情報（外部情報）
● 措置法第 66 条の 4 第 17 項及び第 18 項に基づき
　同業者に対して行った質問・検査から得られる情
　報（外部情報）

```
比較対象      比較対象
取  引   ←  取引候補
```

・非関連者間取引か
・適切な取引単位の価格データ又は利益率算定の
　ためのデータを入手できるか
・選定しようとする算定方法が国外関連取引の内
　容等に適合する方法であり、その適用のために利
　用できる情報か

（比較可能性の検討要素の例）

棚卸資産の種類、役務の内容等
・国外関連取引に係る棚卸資産の物理的特徴や役務の性質等が同種又は類似か等

売手又は買手の果たす機能
　売手又は買手の負担するリスク
　売手又は買手の使用する無形資産
・売手又は買手の行う研究開発、マーケティング、アフターサービス等の機能に相違があるか等
　（売手又は買手が負担するリスクや、取引において使用する無形資産の内容も考慮する）

契約条件
・貿易条件、決済条件、返品条件、契約更改条件等の相違があるか等

市場の状況
　取引段階、取引規模、取引時期
　政府の政策の影響
・取引の行われる市場は類似しているか
　（小売か卸売か、一次卸か二次卸か、取引規模や取引時期の相違があるか、価格や利益率等に影響を与える政府の政策（価格規制等）があるか等も考慮する）

売手又は買手の事業戦略
・売手や買手の市場開拓・浸透政策等の事業戦略や市場参入時期に相違があるか等

その他特殊状況
・比較対象とすることが合理的と認められない特殊な状況（倒産状況等）があるか等

（出典：国税庁公表資料）

棚卸資産の販売又は購入以外の取引

1 役務提供

(1) 基本的な考え方（措通66の4(8)－6、66の4の3(7)－6、67の18－1、事務運営要領3－9～11）

　役務提供取引に関する独立企業間価格の算定方法は、原則として、独立価格比準法と同等の方法又は原価基準法と同等の方法を適用することになります。独立価格比準法と同等の方法の適用に当たっては、比較対象取引に係る役務が国外関連取引（本店等と PE 間の内部取引を含みます。以下同様です）に係る役務と同種であり、かつ比較対象取引に係る役務提供の時期、役務提供の期間等の役務提供の条件が国外関連取引と同様であることの検討が必要です。国外関連取引と同種の役務提供を行っている非関連者間取引はまれであると考えられますので独立価格比準法と同等の方法の適用は困難であり一般的には、比較対象取引に係る役務が非関連者取引に係る役務と同種又は類似であり、かつ上記の役務提供の条件と同様であることを前提として原価基準法と同等の方法を用いることになると思います（措通66の4(8)－6、66の4の3(7)－6、67の18－1）。なお、

役務提供と無形資産の使用は概念的に別のものであり役務提供は役務提供として移転価格の検討の対象となります。その場合、役務提供者が役務提供時に無形資産を用いているか、役務提供を受けた法人の活動、機能等にどのような影響を与えているのかを判断し、無形資産を用いていると考えられた場合には別途無形資産の独立企業間価格の算定が必要となります。多くの場合、役務提供取引は役務提供取引の対価として回収し、無形資産取引はロイヤリティとして回収していますが、場合によってはロイヤリティの中に役務提供取引と無形資産取引の対価が両方含まれていることもあると思います（事務運営要領3－9）。

　なお、役務提供とは区分される無形資産の独立企業間価格の算定については以下の「**3　無形資産の使用許諾等**」を参照して下さい。

　役務提供については、上記のとおり、租税特別措置法通達及び移転価格事務運営要領において、役務提供に関する基本的な考え方が規定されるとともに、特に配慮すべきものとして、企業グループ内役務提供等が定義されています。国外関連者との間で行われる役務提供の形態は多様ですが、適用できる独立企業間価格の算定方法の観点から、次の三形態に区分することができます。

(イ)　本来の業務としての役務提供（原則として、独立価格比準法と同等の方法又は原価基準法と同等の方法）

　　　役務提供を主たる事業とする法人が行う役務

(ロ)　企業グループ内役務提供

　　　本社機能を受け持ついわゆる「コーポレート部門」が主として行う経営・財務・業務・事務管理上の活動で経済的又は商業

的価値を有するとして役務提供に該当すると認められるもの

(ハ)　本来の業務に付随した役務提供及び本来の業務に付随した役務提供以外の一定の企業グループ内役務提供（特例として、総原価の額）

役務提供を主たる事業としていない法人が、本来の業務に付随し又は関連して行う役務提供及び本来の業務に付随する役務提供以外の一定の企業グループ内役務提供

以下、特に配慮すべき役務提供について規定されている上記(ロ)及び(ハ)について少し詳しく説明します。

(2)　企業グループ内における役務の提供（事務運営要領3−10）

法人が国外関連者（国外 PE を含みます。以下同様です）に対し、次に掲げるような経営・財務・業務・事務管理上の活動を行う場合（グループ内役務提供）において当該活動が対価の請求が可能な役務の提供に該当するか否かを検討する必要があります（事務運営要領3−10(1)）。

イ　企画又は調整、ロ　予算の管理又は財務上の助言、ハ　会計、監査、税務又は法務、ニ　債権又は債務の管理又は処理、ホ　情報管理システムの運用、保守又は管理、ヘ　キャッシュ・フロー又は支払能力の管理、ト　資金の運用又は調達、チ　利子率又は外国為替レートに係るリスク管理、リ　製造、購買、販売、物流又はマーケティングに係る支援、ヌ　雇用、教育その他の従業員の管理に関する事務、ル　広告宣伝

本社機能を受け持ついわゆる「コーポレート部門」が主として、

このような役務提供を行っていると思います。グループ内役務提供については役務の内容が不明確であるとともに国外関連者に便益をもたらし対価の請求が可能か否かを検討する必要があることから、まず国外関連者に移転価格の対象となる役務提供が行われているか否かを判断する必要があります。その判断基準として、当該活動が役務提供を受ける国外関連者にとって経済的又は商業的価値を有するか否か、具体的には、国外関連者と同様の状況にある非関連者が他の非関連者から同様の活動を受けた場合に対価を支払うかどうか、又は当該法人が当該活動を行わなかったとした場合に国外関連者自らがこれと同じ活動を行う必要があると認められるかどうかにより判断することとなります。この判断基準に基づいて、役務提供が行われたと考えられる場合には、対価の請求が必要となり、役務提供が行われたと考えられない場合には、対価の請求はできません。

　定常的に利用可能な役務の提供（法人がその国外関連者の要請に応じて随時役務の提供を行いうるよう人員や設備等を利用可能な状態に定常的に維持している場合）もグループ内役務の提供に該当します。

　なお、重複役務提供（一時的な重複又は重複する活動が事業判断の誤りに係るリスクを減少させる場合を除きます）（事務運営要領3-10(2)）、株主としての地位に基づく株主としての法令上の権利の行使又は業務の履行に係る活動（株主活動）は国外関連者にとって経済的又は商業的価値を有するものではないと規定しています。したがって、対価の請求はできません（事務運営要領3-10(3)）。

　対価の額の独立企業間価格の算定については、次の「(3)　原価基

準法に準ずる方法と同等の方法による役務提供取引」以外の取引は
独立価格比準法と同等の方法又は原価基準法と同等の方法（マーク
アップが必要）が適用されます。

　なお、低付加価値グループ内役務提供に関する5％ルールが次の
ように規定されています（事務運営要領3－11(1)）。
　BEPSプロジェクトの最終報告書を反映した2017年（平成29年）
版のOECD移転価格ガイドラインにおいて、「低付加価値グループ
内役務提供」の定義及び独立企業間対価の簡素な算定が規定されま
した。関連者間役務提供のうち、低付加価値グループ役務提供取引
とは、支援的な性質のものであり、多国籍企業グループの中核的事
業を構成するものでないこと、ユニークかつ価値のある無形資産を
使用せず、またユニークな価値ある無形資産の創造には至らないこ
と、重大又は重要なリスクの引受け又は管理を伴わず、また役務提
供によって重要なリスクの創設につながらないことと定義されまし
た（パラグラフ7.45）。
　全ての低付加価値役務提供には、同一のマークアップを使用され
なければならないとし、マークアップは、関連費用の5％と同等と
すべきであるとしました（パラグラフ7.61）。
　これを受けて、わが国においても移転価格事務運営要領を改正し
て、以下のように規定しました（事務運営要領3－11(1)）。
　法人と国外関連者との間で行われた役務提供が次に掲げる要件の
全てを満たす場合には、その対価の額を独立企業間価格として取り
扱う。

イ　当該役務提供が支援的な性質のものであり、当該法人及び国外関連者が属する企業グループの中核的事業活動に直接関連しないこと。

ロ　当該役務提供において、当該法人又は国外関連者が保有し、又は他の者から使用許諾を受けた無形資産を使用していないこと。

ハ　当該役務提供において、当該役務提供を行う当該法人又は国外関連者が、重要なリスクの引受け若しくは管理又は創出を行っていないこと。

ニ　当該役務提供の内容が次に掲げる業務のいずれにも該当しないこと。

　(イ)　研究開発

　(ロ)　製造、販売、原材料の購入、物流又はマーケティング

　(ハ)　金融、保険又は再保険

　(ニ)　天然資源の採掘、探査又は加工

ホ　当該役務提供と同種の内容の役務提供が非関連者との間で行われていないこと。

ヘ　当該役務提供を含む当該法人及び国外関連者が属する企業グループ内で行われた全ての役務提供（上記イからホまでに掲げる要件を満たしたものに限る。）をその内容に応じて区分をし、当該区分ごとに、役務提供に係る総原価の額を従事者の従事割合、資産の使用割合その他の合理的な方法により当該役務提供を受けた者に配分した金額に、当該金額に100分の5を乗じた額を加算した金額をもって当該役務提供の対価の額としている

こと。

　なお、役務提供に係る総原価の額には、原則として、当該役務提供に関連する直接費の額のみならず、合理的な配賦基準によって計算された担当部門及び補助部門における一般管理費等の間接費の額も含まれることに留意する（以下 3 −11において同じ。）。

（注）　法人が国外関連者に対して行った役務提供が、当該法人が自己のために行う業務と一体として行われた場合には、への定めの適用に当たり当該業務を当該役務提供に含めた上で役務提供の対価の額を算定する必要があることに留意する。国外関連者が法人に対して役務提供を行った場合についても、同様とする。

ト　当該役務提供に当たり、当該法人が次に掲げる書類を作成し、又は当該法人と同一の企業グループに属する者から取得し、保存していること。

　(イ)　当該役務提供を行った者及び当該役務提供を受けた者の名称及び所在地を記載した書類

　(ロ)　当該役務提供がイからへまでに掲げる要件の全てを満たしていることを確認できる書類

　(ハ)　へに定めるそれぞれの役務提供の内容を説明した書類

　(ニ)　当該法人が実際に当該役務提供を行ったこと又は当該役務提供を受けたことを確認できる書類

　(ホ)　へに定める総原価の額の配分に当たって用いた方法の内容及び当該方法を用いることが合理的であると判断した理由を説明した書類

(ヘ)　当該役務提供に係る契約書又は契約の内容を記載した書類

(ト)　当該役務提供において当該法人が当該国外関連者から支払を受ける対価の額又は当該国外関連者に支払う対価の額の明細及び計算過程を記載した書類

　なお、追加された低付加価値グループ内役務提供において原価に加算される５％のマークアップについて、国税庁は、特に独立企業間価格を算定したわけではなく、OECD移転価格ガイドラインに従ったものであり、該当する役務提供について、納税者が５％のマークアップをしていれば問題としないと解するとしています。

(3)　原価基準法に準ずる方法と同等の方法による役務提供取引 (事務運営要領3－11)

　特定の要請に基づく個別の役務提供であっても本来の業務に付随した役務提供、一定の企業グループ内役務提供について特別の配慮がなされています。

イ　本来の業務に付随した役務提供

　本来の業務に付随した役務提供とは、たとえば、海外子会社から製品を輸入している法人が当該海外子会社の製造設備に対して行う技術指導等、役務提供を主たる事業としない法人又は国外関連者が、本来の業務に付随して又はこれに関連して行う役務提供であると規定されています。本来の業務に付随した役務提供ですので、役務提供の目的等に基づいて判断することになりますが、役務提供に要した費用が、法人又は国外関連者の事業年度の原価又は費用の額の相当部分を占める場合あるいは役務提供を行う際に無形資産を使用す

る場合等は本来の業務に付随した役務提供とはいえなくなります。

　本来の業務に付随した役務提供については、当該役務提供の総原価の額（マークアップの必要はありません）を独立企業間価格とする原価基準法に準ずる方法と同等の方法が適用されます（事務運営要領3－11(2)）。

ロ　一定の企業グループ内役務提供

　また、本来の業務に付随した役務提供以外の企業グループ内役務提供（企業グループ内役務提供については上記「**(2)　企業グループ内における役務の提供**」を参照して下さい）についても、一定の役務提供（事務運営要領3－11(1)イからホまでに掲げる要件の全てを満たしていること）に該当し、当該役務提供が法人又は国外関連者の事業活動の重要な部分に関連していないこと、役務提供に要した総原価の額が法人又は国外関連者の原価又は費用の額の総額の相当部分を占めていないこと、役務提供に関連する直接費用及び間接費用の計算が合理的な配分割合によっていることのすべての要件を満たした場合には総原価の額（マークアップの必要はありません）を独立企業間価格とする原価基準法に準ずる方法と同等の方法を適用することができます（事務運営要領3－11(3)）。

Keyword：総原価とは

　役務提供の対価の額に係る独立企業間価格とすることができる総原価には、直接原価（費用）のすべて、直接担当部門の一般管理費等、関連する補助部門の一般管理費等間接費が含まれます。間接費用の算定においては何らかの合理的な基準に基づいて配分する方法が認められます（事務運営要領3－11(1)）。

　考慮すべき費用

(1)　直接原価（費用）

　　特定の役務について個別に認識される費用（役務提供に直接従事する従業員に対する給与、賞与、退職給付費用、社会保険料、旅費、滞在費等）

(2)　直接担当部門の一般管理費

　　光熱費、通信費、人件費等部門諸経費

(3)　関連する補助部門の一般管理費

　　人事、経理部門等の一般管理費等

重要事項解説

1　随時利用可能な役務提供

　国外関連者の要請に応じて随時役務を提供できるよう人員や設備等を利用可能な状態に定常的に維持している場合にはこのような状態を維持すること自体がグループ内役務提供に該当することから対価の請求が必要となります（事務運営要領3－10（注））。

2　重複役務提供

　非関連者が国外関連者に行う役務提供又は、国外関連者が自ら行っている活動と重複する役務提供はグループ内役務提供に該当しないことから、原則として、対価の請求の対象とはなりません。しかし、重複が一時的又は事業判断の誤りに係るリスクを減少させるためである場合にはグループ内役務提供に該当することから対価の請求が必要となります（事務運営要領3－10(2)）。

3　株主活動

　株主としての地位を有する法人が、もっぱら自らのために行う株主としての法令上の権利の行使又は義務の履行に係る活動は株主活動であることから、国外関連者に対する対価の請求の対象とはなりません。

　株主活動としては、親会社が実施する株主総会の開催や株式の発行など、親会社が遵守すべき法令等に基づいて行う活動や、親会社が金融商品取引法に基づく有価証券報告書等を作成するための活動が挙げられています。なお、親会社が子会社等に対する投資の保全を目的として行う活動で、かつ、当該子会社等にとって経済的又は商業的価値を有するものは役務の提供に該当します（事務運営要領3－10(3)）。

　平成11年3月31日裁決では、株主活動として、「子会社の設立から操業開始に至る間の、土地の取得、建物の建設並びに求人活動の打合せや

地鎮祭に出席することは、親会社としての立場を考慮すると当然に必要な業務というべきであり、また、中国市場において販売される製品は、請求人の製品若しくは請求人を中心とするグループの製品であるから、その製品のPRも親会社である請求人の業務というべきである。したがって、これらの業務を国外関連者から対価を収受すべき役務提供であるとする原処分庁の主張は採用できない」としています。

4 本来の業務に付随した役務提供に関する独立企業間価格の取扱いの判定

　原価基準法を適用するには、比較対象取引を選定し、適正なマークアップ率を算定しなければなりませんが、「本来の業務に付随した役務提供」の場合の総原価の額を独立企業間価格とする取扱は、それを省略できます。総原価の額を独立企業間価格とすることができる場合は移転価格事務運営要領において例示が示されていますので、これを検討しなければなりませんが、簡単にいえば、マークアップをするとしても僅かな率で、総原価さえ回収すれば問題とならない単純な役務提供といえるでしょう。

　ただし、無形資産が絡むような取引は注意しなければなりません。以前は子会社に提供する役務提供は製造設備据付けの指導のようなものが多かったのですが、近年では、親会社の技術者を派遣して、製造等に係るノウハウの伝授のような行為が行われていると思います。これは製造等の係るノウハウ、技術の移転といえます。このような場合には、「無形資産を使用する場合等当該役務提供の対価の額を当該役務提供の総原価とすることが相当でないと認められる場合」に該当します（事務運営要領3－12（注））。

　なお、本来の業務に付随した役務提供の対価について調査で課税を受けた場合、二重課税の排除という点について問題があります。課税額は通常の移転価格課税ほど多額といえませんから、コスト、時間、手間を考慮して相互協議の申立てをしない場合がほとんどであると考えられま

す。移転価格課税と寄附金の違いについては、後に詳しく述べますが、
結果として、総原価の額で課税する寄附金課税と同じ結果となっている
のではないでしょうか。以上のことから、このような取引についても、
相当の対価を受領して調査時に課税されないようにしておかなければな
りません。

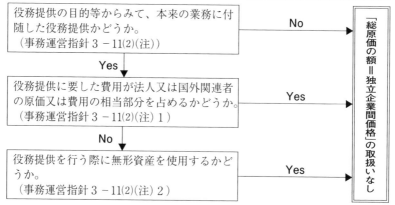

本来の業務に付随した役務提供について総原価の額を独立企業間価格とする方法の適用判定基準

役務提供の目的等からみて、本来の業務に付随した役務提供かどうか。
（事務運営指針3−11(2)(注)）
→ No →

役務提供に要した費用が法人又は国外関連者の原価又は費用の相当部分を占めるかどうか。
（事務運営指針3−11(2)(注)1）
→ Yes →

役務提供を行う際に無形資産を使用するかどうか。
（事務運営指針3−11(2)(注)2）
→ Yes →

「総原価の額＝独立企業間価格」の取扱いなし

（注）　国外関係者との間で、棚卸資産の売買取引と役務提供取引を行っている場合には、双方について移転価格税制上の問題があるか否かを検討する必要がある。

（出典：国税庁公表資料）

参考1　役務提供が行われていると判断された事例

　平成11年3月31日裁決は、以下の場合は、役務を提供していると認定しています。

　「国外関連者において各種管理システムの構築等のために従業員を派遣する業務についてみると、これらの業務は、当該国外関連者が各種管理システムの合理化を図るために独自に開発すべきものと認められるから、国外関連者自らの費用負担において行う業務であると認められる。そうすると、これらの業務は、国外関連者から対価を収受すべき役務提供取引に該当するから、当該業務の対価の収受がないことは請求人に役務提供取引に基づき国外関連所得が生じているとするのが相当である。」

　「国外関連者に対する出荷業務の応援及び業務指導のために従業員を派遣する業務についてみると、国外関連者が自己の製造した製品を請求人に販売する場合は、請求人の販売先に船積み等が完了するまで当該国外関連者の責任においてなされる業務であるから、当該業務の応援のために請求人の従業員を国外に派遣した取引は、対価を収受すべき取引に該当する」

　「請求人があっせんして国外関連者が購入した機械設備等について、その設置及び立ち上げ等のために従業員を派遣した業務についてみると、当該取引は国外関連者と機械設備等のメーカー間との取引であることから、その据付等について、請求人が責任を負う立場にはなく、仮に、国外関連者からの求めがあってその据付等に立ち会い、又は試運転等に当たって技術指導等を求められたものであったとしても請求人の負担において行なうべき業務であると認められない。そうすると、国外関連者の求めに応じて技術指導等をした行為は、その国外関連者から対価を収受すべき役務提供に該当するから、当該役務提供の対価の収受がないことをもって請求人に国外移転所得が生じないとする請求人の主張は理由がない」

参考2　役務提供が行われていないと判断された事例

　平成11年3月31日裁決は、以下の場合は、役務を提供していないとしています。

　「請求人が販売した機械設備等の場合には、通常の場合、機械設備等を販売したことに伴い設置、立上げ等の据付工事を行なう場合において、当該据付工事等に係る費用の負担が契約で明確にされていないときは、売手が自己の費用負担で機械設備等の設置をしていることからすれば、本件においても、費用負担に関する契約がない以上、当該機械設備等を据え付けて試運転を行ない、検収をうけることは請求人の責任においてされるべきであると認められる。したがって、国外関連者から別途これらに係る役務提供の対価を収受すべきであるとする原処分庁の主張は採用できない」

　「国外関連者における生産及び品質管理等の確認及び検査のために従業員を派遣した業務についてみると、当該国外関連者は請求人の下請けであり、請求人はその製品のほとんどを購入する仕入先であることからすれば、請求人として生産等の管理上これらの業務は当然に必要なものと認められるから、これらの業務に要する費用を請求人が負担することもまた当然であり、これを、国外関連者からその対価を収受すべき役務提供とする原処分庁の主張は採用できない」

2　金銭の貸借及び債務保証

(1)　資金の貸借

① 原則

　金銭の賃借取引において、独立価格比準法と同等の方法又は原価基準法と同等の方法を適用する場合には、比較対象取引に係る通貨が国外関連取引（本店等と PE 間の内部取引を含みます。以下同様です）に係る通貨と同一であり、かつ、比較対象取引における貸借時期、貸借期間、金利の設定方式（固定又は変動、単利又は複利等の金利の設定方式）、利払方法（前払い、後払い等の利払方法）、借手の信用力、担保及び保証の有無その他の利率に影響を与える諸要因が国外関連取引と同様であることが必要です。なお、国外関連取引の借手が銀行等から国外関連取引と同様の条件の下で借り入れたとした場合に付されるであろう利率を比較対象取引における利率として独立企業間価格を算定する方法は、独立価格比準法に準ずる方法と同等の方法となります（措通66の4 (8)－5、66の4の3(7)－5、67の18－1）。

② 金銭の貸付けを業としない法人

　法人及び国外関連者（国外 PE を含みます。以下同様です）がともに金銭の貸付けを業として金銭の貸付け又は出資を行っていない場合には、当該法人が当該国外関連者との間で行う金銭の貸付け又は借入れについては、次によって計算した利率を独立企業

間の利率として用いる独立価格比準法に準ずる方法と同等の方法
として使用することができます（事務運営要領3－8）。

イ　国外関連取引の借手が、非関連者である銀行等から当該国外
　　関連取引と通貨、貸借時期、貸借期間等が同様の状況の下で借
　　り入れたとした場合に付されるであろう利率

ロ　国外関連取引の貸手が、非関連者である銀行等から当該国外
　　関連取引と通貨、貸借時期、貸借期間等が同様の状況下で借り
　　入れたとした場合に付されるであろう利率（調達金利）

ハ　国外関連取引に係る資金を、当該国外関連取引と通貨、取引
　　時期、期間等が同様の状況下で国債等により運用するとした場
　　合に得られるであろう利率（運用利回り）

　　ただし、イ、ロ及びハに掲げる利率を用いる方法の順に、独立
企業原則に即した結果が得られるとされていることに留意する必
要があります。

　　なお、ロに掲げる利率を用いる場合においては、国外関連取引
の貸手における銀行等からの実際の借入れが、ロの同様の状況の
下での借入れに該当するときには、当該国外関連取引とひも付き
関係にあるかどうかは問わないとされています。

(2)　債務保証

　債務保証については、法令等で明確にされていませんが、金融取引としてではなく役務提供取引の一種であると考えられています（OECDガイドライン　パラ7.13では「ある関連者が提携したというだけで、提携していなかった場合よりも高い信用格付けを得ている場合、いかなる役務も受けていないであろう。しかし、より高い信用格付けがグループの他の構成企業による保証によるものである場合や、……、グループ内役務提供は通常存在するであろう」と規定しています）。

　国外関連者は法人から保証を受けることによって有利な条件で金銭を借り入れることができ、保証をした法人は国外関連者が債務不履行になった場合には肩代わりをしなくてはならない義務が発生します。一般に、第三者間で保証を行う場合には保証料の支払いが行われています。

　OECD租税委員会は、「BEPS（Base Erosion and Profit Shifting）行動計画 8 - 10：移転価格税制と価値創造の一致に関連するものとして、「Financial transactions」に関する公開討論草案」を平成30年 7 月 3 日に公表しました。当草案において、債務保証に関する提案がなされています。

　公開討論草案によると次のとおりです。

　(イ)　企業グループの一員であることに起因する便益（implicit guarantees）は、受動的便益であり保証料という対価が支払われるべき役務提供取引ではない。

㋺　保証料率は、Yield approach（イールド・アプローチ）によ
る独立企業間価格を決定することができる。

　　保証がある場合の借入れ利率と保証がない場合の利率との差
を測定する。第一段階は、自らの価値（信用力）だけで借入れ
た場合に適用される利率（グループの一員であることによる受
動的な（implicit）サポートを受けることを勘案して）を算定
する。

　　次に、被保証人が保証人と同じ信用格付けであったとした場
合に適用される利率を算定する。この二つの利率の差は、保証
によって被保証人が享受する便益を定量化したものとして使用
することが可能である。重要なことは、グループの一員である
ことによる暗黙の（implicit）支援と明示的な（explicit）保証
という支援とを区別することである。

　　なお、保証がない場合と保証があった場合の利率の差を関連
者間でどのように配分するのか（保証人がこの差のすべてを収
受すれば、被保証人は保証がない場合と負担は変わりませんの
で適正な配分を要求すると考えられます）について利率の差の
50％から75％を保証人が収受するのが合理的ではないかと考え
られる。

　　この公開討論草案では、上記のイールド・アプローチ以外の
方法も提案しています。

　　2020年（令和２年）２月、OECD租税委員会は最終版を公
表しましたが、その内容は公開討論草案からの変更はありませ
ん。

┄┄┄┄┄┄┄┄┄　重要事項解説　┄┄┄┄┄┄┄┄┄

1　子会社等の支援の場合

　法人税基本通達9－4－2（子会社等を再建する場合の無利息貸付け等）の適用がある金銭の貸付けについては、移転価格税制上も適正な取引として取り扱われます（事務運営要領3－7(1)）。したがって、法人がその国外関連者に対して金銭の無償若しくは通常の利率よりも低い利率での貸付け又は債権放棄等をした場合において、その無利息貸付け等がたとえば業績不振の国外関連者の倒産を防止するためにやむを得ず行われたもので合理的な再建計画に基づくものである等、その無利息貸付け等をしたことについて相当の理由があると認められるときは、移転価格税制の適用はありません。

2 金銭の貸付けを業としない法人の貸付金利の決定

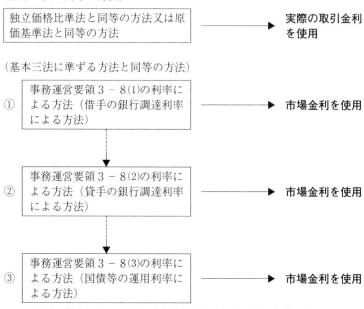

（基本三法と同等の方法）

| 独立価格比準法と同等の方法又は原価基準法と同等の方法 | → | **実際の取引金利を使用** |

（基本三法に準ずる方法と同等の方法）

① 事務運営要領3－8(1)の利率による方法（借手の銀行調達利率による方法） → **市場金利を使用**

② 事務運営要領3－8(2)の利率による方法（貸手の銀行調達利率による方法） → **市場金利を使用**

③ 事務運営要領3－8(3)の利率による方法（国債等の運用利率による方法） → **市場金利を使用**

＊　上記の基本三法に準ずる方法と同等の方法（独立価格比準法に準ずる方法と同等の方法）は、金銭の貸付け等を業としない独立の事業者の間に成立するであろう利率として想定される市場金利を用いる方法であり、①、②及び③の順に独立企業原則に即した結果が得られることとなる。

＊　金銭の貸付けが、手持資金によるものか、借入資金によるものかの違いによる取扱いの差はない。

＊　同一通貨の同一条件による金融取引である場合には、各金融市場における金利水準は、ほぼ同一と考えられることから、基本的に市場の違いによる差異を考慮する必要はない。

（出典：国税庁公表資料）

参考 1　平成18年10月26日東京地裁判決

　当地裁は、スプレッド融資を想定して金利を算定する方法を独立価格比準法に準ずる方法と同等の方法であるとして、次の判決をしています。

　「金融機関等からスプレッド融資（金融機関等が市場から調達する金利に、スプレッド（金融機関等が得るべき利益に相当する金利。事務経費等に相当する部分や借手の信用リスクに相当する部分を含む）を加算した金利による融資）を受けたことを想定して、その金利を求めて独立企業間価格とすることができる」

参考 2　平成14年 5 月24日裁決

　当裁決は、キープウェル契約について、次のとおり裁決しています。

　「本件各キープウェル契約等によれば、本件各キープウェル契約は、G社が債券を発行する際に同社と請求人との間で締結されたものであること、その内容は、①請求人は、G社の全株式を保有すること、②請求人は、G社の純資産の額を 1 万米国ドル以上に維持すること、③G社が債務を返済するに足りる流動性資産を持たない場合には、請求人に対して償還資金の供与を求める契約上の権利を有していること、さらに、G社は、同社の発行する債券の購入者に債券発行目論見書を交付して、本件各キープウェル契約の内容及び同社が債券を償還できない場合には精算人等を通じて同社の請求人に対して本件各キープウェル契約上の権利を行使できることを周知していることが認められる。一方、保証契約は、保証人が債券発行会社より保証の委託を受けて、債券購入者に対して保証を行い、債券発行会社に債務不履行があった場合には、債券購入者は、保証人に直接保証履行の請求を行い、保証人は債務者に保証を履行する契約である。そうすると、本件各キープウェル契約の締結等は、保証取引と契約形態は異なるものの、本件各キープウェル契約の締結等により、請求人は債券購入者に対して実質的に保証があったとした場合と同程度の法的責任を負い、その結果として、G社は、本件各保証取引による保証があったとした場合と同等の格付けを取得し、債券を発行することが可能となったと認められる。以上から判断すると、本件各キープウェル

契約の締結等については、その独立企業間価格の算定に当り、保証取引を比較対象取引とすることが相当であると認められる」

　また、当裁決は、原処分庁が採用したデフォルト確率を基にして算定した保証料について、次のとおり裁決しています。
　「①格付け別、経過年数別に、米国格付会社が発表する債券の累積デフォルト確率のデータを基に、各経過年数間の累積デフォルト確率の差を各年ごとのデフォルト確率であるとみなして、その現在価値が本件各債務保証取引期間を通して均等となるようなデフォルト確率（年間デフォルト確率）を計算し、②Ｇ社が、請求人から保証取引による保証を受けないで、あるいは、各キープウェル契約の存在を明示しないで発行した場合の債券（無保証債券）の格付けを「BBB」と認定した上で、Ｇ社と請求人のそれぞれの債券の格付けに対応する年間デフォルト確率の差を保証料とし、③この保証料率にＧ社の債券の額面総額又は借入金額及び本件各事業年度に占める保証日数の割合を乗じて算出した保証料を持って、本件債務保証取引に係る独立企業間価格である（以下、「本件算式」という。）とした原処分庁の考え方（独立価格比準法に準ずる方法と同等の方法）は、金融市場の主要な参加者である銀行、証券会社及び損害保険会社の複数を対象に調査したところによっても、本件算式を保証料率の算定に用いたとの答述も得られず、本件算式により保証料を算定した取引を確認することができない。……（中略）……したがって、本件算定方法は法に定める独立企業間価格算定方法であると認めることはできない」として、「本件各保証取引については、本件各銀行保証取引を比較対象取引とする独立価格比準法と同等の方法を適用すべきであり、独立企業間価格の算定に用いる保証料率は0.1%が相当である」としています。ただし、現状では、金融機関における保証料率の考え方としてデフォルト料率が勘案されるなど環境が変化しているのではないかと考えられますので、原処分庁の考え方が、必ずしも否定されるものでないことに留意が必要です。

3　無形資産の使用許諾等

　移転価格税制においてその取扱いがもっとも困難な問題が無形資産を巡る問題です。無形資産が存在するのか否か（無形資産の範囲）、当該無形資産の所有者は誰か（無形資産の所有者）、無形資産の開発への貢献者は誰か（無形資産の貢献者）、無形資産が収益の源泉となっているか否か（無形資産の収益への貢献度合い）、無形資産の評価方法としての適切な方法は何か（無形資産の評価）などの問題を解決する必要があります。

(1)　無形資産の範囲

　無形資産の範囲について、租税特別措置法通達66の4(8)−2では、「有形資産及び措置法令第39条の12第13項第2号に規定する金融資産以外の資産で、その譲渡若しくは貸付け（資産に係る権利の設定その他の者に資産を使用させる一切の行為を含む）又はこれらに類似する取引が独立の事業者の間で通常の取引の条件に従って行われるとした場合にその対価の額が支払われるべきものをいうのであるから、例えば、次に掲げるものはこれに含まれることに留意する。(1)法人税法施行令第183条第3項第1号イからハまでに掲げるもの、(2)顧客リスト及び販売網、(3)ノウハウ及び営業上の秘密、(4)商号及びブランド、(5)無形資産の使用許諾又は使用許諾に相当する取引により設定される権利、(6)契約上の権利（(1)から(5)までに掲げるものを除く）」と定めています。

　また、移転価格事務運営要領事例11の解説においては、「法人又は国外関連者の所得の源泉となる無形資産は、主に無形資産のうち重要な価値があると認められるものであるため、無形資産として「重要な価値」を有するかどうかの判断が必要となる」としています。したがって、無形資産として重要な価値を有するかどうかの判断に当たっては、国外関連取引の内容や法人及び国外関連者の活動、機能、市場の状況等を十分に検討する必要があり、その上で、所得の源泉となっている重要な価値ある無形資産の存在、貢献度合いの検討、分析が必要です。

(2)　無形資産の所有者及び無形資産への貢献

　次に、無形資産の所有者及び無形資産への貢献について考える必要があります。移転価格事務運営要領は、無形資産について、法的な所有関係だけでなく、無形資産を形成・維持・発展（以下、「形成等」といいます）させるための活動において、法人又は国外関連者の行った貢献の程度も勘案する必要があるとしています。また、無形資産の形成等への貢献の程度を判断するに当たっては、当該無形資産の形成等のための意思決定、役務の提供、費用の負担及びリスクの管理において法人又は国外関連者が果たした機能等を総合的に勘案する必要があるとしています。さらに、所得の源泉となる見通しが高い無形資産の形成等において法人又は国外関連者が単にその費用を負担しているというだけでは、貢献の程度は低いとされています（事務運営要領3－13）。

　すなわち、無形資産の帰属は、法的な所有関係だけでなく、当該無形資産を形成し、維持又は発展させるために誰がどれだけ貢献したかが検討されることとなります。貢献の程度を判断するために、意思決定者は誰であるのか、役務提供者は誰であるのか、費用負担者は誰であるのか、リスク管理者は誰であるのかを総合的に勘案するとしています。役務提供者は誰であるのか、費用負担者は誰であるのかは把握がそれほど困難ではありませんが、意思決定者は誰であるのか、リスク管理者が誰であるのかを把握することは容易ではありません。そこで、事務運営要領事例14の解説では、「意思決定とは、具体的開発方針の策定・指示、意思決定のための資料情報等の準備業務などを含む判断の要素であり、リスクの管理とは、たとえば、無形資産の形成等の活動に内在するリスクを網羅的に把握し、継続的な進捗管理等の管理業務全般を行うことによってこれらのリスクを一元的に管理する業務等である」ことを明示していますので、これらの事実関係を十分に分析検討することが必要です。

　無形資産の所有権者が、自ら当該無形資産の形成等に貢献している場合には、無形資産の法的所有権者が無形資産の経済的所有権者であることから無形資産の帰属関係に問題は生じませんが、法的所有権者と形成等に貢献した経済的所有権者が異なる場合には無形資産の帰属関係に問題が生じます。

　たとえば、親会社が子会社に対して委託し研究を行わせている場合に、親会社が委託研究のリスク管理、進捗管理等の管理業務全般を行っているときは、親会社に法的所有権だけでなく経済的所有権も帰属すると考えられ、子会社には委託研究という役務提供を行っ

たことに対して掛ったコストに一定のマークアップを付した報酬（提供した役務に見合った独立企業間価格）が与えられることになります。一方、子会社が独自にリスク管理、進捗管理等の管理業務全般を行っているときは、その貢献度に応じて子会社に経済的所有権が一部発生し、掛ったコストに一定のマークアップの報酬を超えた利益の発生に見合った追加的報酬（開発した無形資産に見合った独立企業間価格）が与えられると考えられます。また、現実的には、親会社の委託研究という形態ではなく、子会社が独自に研究開発を行う場合も考えられますが、その場合には開発した無形資産に見合った独立企業間価格での対価が当該子会社に与えられると考えられます。

　たとえば、親会社の研究開発活動の成果である製品はその独自の技術性能が評価され安定した価格で販売されているとします。親会社は当該製品のさらなる品質向上や製造ライン改良等を自らの意思決定とリスク管理の下で行い、その開発経費の一部を子会社に負担させたとします。その場合の、子会社の資金負担は無形資産の形成等への貢献度は低いものとなります。資金提供に係る基本的利益が与えられることになります（貸付金利程度）。米国財務省規則では、「無形資産の開発のために研究開発施設等の有形資産を提供して無形資産の開発に貢献している場合、有形資産を提供したことに対する独立企業間価格は、有形資産の使用に準じて考慮される」との設例を記載しています。

　しかし、開発される無形資産の価値が未確定（所得の源泉となる見通しが高いか低いか未確定）の無形資産の形成等においては、法

人又は国外関連者が単にその費用を負担していることをもって貢献の程度は低い（資金負担のリスクは高い）とはいえないと思います（無形資産の経済的所有権の慎重な認定が必要）。

重要事項解説

1 無形資産の貢献の検討に当たって勘案される要素

無形資産の形成等の貢献を検討するに当たっては、次の要素を総合的に勘案する必要があります。

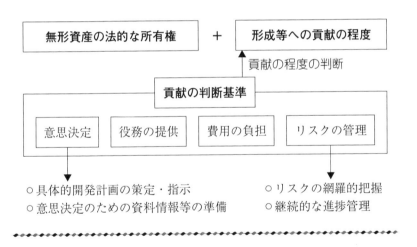

---

(3) 無形資産の評価

　無形資産が収益の源泉に貢献している（超過収益を発生させている）場合に、無形資産の評価が必要となります。

　無形資産の使用許諾について、独立価格比準法と同等の方法を適用する場合には、比較対象取引に係る無形資産が国外関連取引に係る無形資産と同種であり、かつ、比較対象取引に係る使用許諾の時期、期間等の条件が国外関連取引と同様である必要があります。原価基準法と同等の方法を適用する場合には、比較対象取引に係る無形資産が国外関連取引に係る無形資産と同種又は類似であり、かつ、上記の無形資産の使用許諾の条件と同様であることが必要です（措通66の4(8)−7、66の4の3(7)−7、67の18−1）。

　上記の方法のうち前者（独立価格比準法と同等の方法）は、いわゆるマーケットアプローチの考え方に基づいていますが、厳密な比較可能性が求められているため、市場の公開情報が限られている現状においては、使用できる事例は少ないといえます。しかし、関連者内部に比較対象取引が存在する場合あるいは市場に同種の無形資産取引に関する情報があり利用できる場合には、独立価格比準法と同等の方法を用いることが可能です。

　上記の方法のうち後者（原価基準法と同等の方法）は、いわゆるコストアプローチの考え方に基づいていますが、開発費等のコストと無形資産の価値は必ずしも関連性がないこと、無形資産開発リスクが適正に算定できないこと等から使用できる事例は少ないといえます。しかし、開発した無形資産が多くの超過収益をもたらしてい

ない場合に、開発に要した費用を最低限回収するとの考えに基づけば用いることができない方法ではありません。

　無形資産評価のもう一つの方法であるいわゆるインカムアプローチ（DCF法（準ずる方法を含みます）と同等の方法：ディスカウント・キャッシュ・フロー、措令39の12⑧六）については、無形資産がもたらす将来の収益を見積もる必要があり実務的には第三者間で無形資産の譲渡の場合に使用されている事例は多いと思います。移転価格の分野でも無形資産そのものを移転する取引の場合は取引自体が無形資産であることから当該無形資産そのものの価値を算定する必要があり、DCF法が使用される場合があります。将来キャッシュ・フローの割引現在価値の見積りによる評価は、将来の予測利益の金額の計算、割引率、予測期間、予測される法人税等の実効税率が適切に予想、決定されなければならず、これらによって評価の信頼性は大きく左右されますので、関連者間の無形資産取引において使用する場合には注意が必要です（事務運営要領4-3、4-13）。

　無形資産の使用許諾取引の独立企業間価格の算定にDCF法（準ずる方法を含みます）と同等の方法を用いる場合には、当該方法によって算定された無形資産の価値を使用時に変換することが必要です。

　なお、法人と国外関連者の双方に独自の機能がある場合には残余利益分割法が適用でき、実務的には多く使用されていると思いますが、通常の機能に係る比較対象取引の選定、あるいは通常の利益を差し引いて残った利益（残余利益）の分割ファクターの選定等には慎重な検討が必要であると思います。

　以上、無形資産の評価（使用許諾のロイヤリティ料率等）の独立企業間価格算定方法について述べてきましたが、どの方法を採るについてもその適用には慎重さが要請されます。無形資産の使用許諾取引においては、市場に存在する情報から独立価格比準法と同等の方法に基づいて得られた一定の指標を参考にして検討することも一方法であると考えます。

⑷　特定無形資産取引に係る価格調整措置

　OECD 租税委員会による BEPS 行動計画 8 - 10に関する最終報告書による改訂後の OECD 移転価格ガイドラインは、評価困難な無形資産アプローチ（HTVI アプローチ）の導入を勧告しました（OECD ガイドライン6. 187）。わが国は、令和元年（2019年）の税制改正によって、その対象となる無形資産を「特定無形資産取引」として位置付け、その範囲を規定し、特定無形資産取引に係る価格調整措置が導入されました（措法66の 4 ⑧）。

　①　制度の概要

　　法人が行った特定無形資産国外関連取引について、当該特定無形資産国外関連取引の対価の額を算定するための前提となった事項（当該特定無形資産国外関連取引を行った時に当該法人が予測したものに限ります。）についてその内容と相違する事実が判明した場合には税務署長はその相違する事実及びその相違することとなった事由（相違事由）の発生の可能性を勘案して算出した金額を独立企業間価格とみなして更正又は決定をす

ることができることとなりました（措法66の４⑧本文）。

　例えば、法人が特定無形資産国外関連取引を行った時に「この無形資産はユニークな価値を有するものではない」と判断し、予測を用いない他の価格算定方法を選定した場合におけるその判断も当該特定無形資産国外関連取引の対価の額を算定するための前提となった事項に該当します。

　当該特定無形資産国外関連取引に係る特定無形資産について事後に多額の利益が生じることとなった場合には、前提となった事項の内容が相違することとなり価格調整措置が適用されます。

イ　本価格調整の対象となる特定無形資産

　特定無形資産とは次の３つの要件のすべてを満たす無形資産をいいます（措令39の12⑭）。

㋑　固有の特性を有し、かつ、高い付加価値を創出するために使用されるものであること。

㋺　無形資産に係る予測利益の額（国外関連取引を行った時に無形資産の使用その他の行為による利益が生じることが予測される期間内の日を含む各事業年度の利益の額として国外関連取引を行った時に予測される金額）を基礎としてその独立企業間価格を算定されるものであること。

㋩　当該無形資産に係る予測利益の額その他の独立企業間価格を算定するための前提となる事項（取引を行ったときに予測されるものに限ります）の内容が、著しく不確実な要素を有していると認められるものであること。

ロ　相違事由の発生の可能性

　　課税当局が更正処分を行う場合には、相違事由の発生の可能性（特定無形資産国外関連取引を行った時における客観的な事実に基づいて計算されたものであること、通常用いられる方法により計算されたものであること）を勘案することが必要であるとされています（措法66の4⑧、措令39の12⑮）。すなわち、取引時点で収益等が獲得される可能性を考慮することが必要であり、実際に生じた収益のみを基礎として取引価格を算定することは許容されません。

ハ　発動基準

　　価格調整措置を適用したならば独立企業間価格とみなされる金額と当初の取引価格との乖離が一定の範囲に収まっている場合には、本価格調整措置により防止する必要があると認められる移転価格リスクは低いものとして価格調整措置は適用しないこととされています。具体的には、次に掲げる法人の区分に応じ、それぞれ次に定める場合に該当するときは、価格調整措置は適用されません（措法66の4⑧ただし書、措令39の12⑯）。

㋑　対価の額の支払いを受ける法人

　　価格調整措置を適用したならば独立企業間価格とみなされる金額が取引の対価の額に120%を乗じて計算した金額を超えない場合

　　ロ　対価の額を支払う法人

　　　価格調整措置を適用したならば独立企業間価格とみなさ
　　れる金額が取引の対価の額に80％を乗じて計算した金額を
　　下回らない場合

②　適用免除基準

　　法人が、イ　文書化要件、ロ　収益乖離要件を満たす場合に
　は、価格調整措置は適用されません。この適用免除を受けるた
　めには、法人が確定申告書に特定無形資産国外関連取引に係る
　所定の事項を記載した法人税申告書別表17(4)を添付しているこ
　とが必要です（措法66の4⑨⑩）。なお、当該職員が文書化要
　件又は収益乖離要件を満たすことを明らかにする書類の提示等
　を求めた場合に、求めた日から60日（同時文書化義務のある書
　類については45日）を超えない範囲内においてその求める書類
　等の準備に通常要する日数を勘案して当該職員が指定する日ま
　でにこれらの提示等がない場合には、これらの適用免除の適用
　はありません（措法66の4⑪）。

　イ　文書化要件

　　　特定無形資産国外関連取引に係る次に掲げる事項の全てを
　　記載した書類を作成し、又は取得していること（措法66の4
　　⑨）。

　　㋑　特定無形資産国外関連取引を行った時に法人が予測した
　　　次に掲げる事項（措法66の4⑨一、措規22の10⑩）

　　　A　予測利益の額及びその計算の基礎となった事項

　　　B　特定無形資産国外関連取引に係るリスク（為替相場の

変動、市場金利の変動、経済事情の変化など）に係る事
項

C　A及びBに掲げるもののほか、当該特定無形資産国外
関連取引の対価の額を算定するための前提となった事項

(ロ)　特定無形資産国外関連取引の対価の額を算定するための
前提となった事項についてその内容と相違する事実が判明
した場合におけるその相違事由に係る次に掲げる事項（措
法66の4⑨二、措令39の12⑰）

A　災害その他これに類するものであるため取引を行った
時に法人がその発生を予測することが困難であったこと

B　相違事由の発生の可能性（次の要件を満たすものに限
ります）を勘案して当該特定無形資産国外関連取引の対
価の額を算定していたこと

i　取引時における客観的事実に基づいて計算されたも
のであること

ii　通常用いられる方法により計算されたものであるこ
と

ロ　収益乖離要件

次に掲げる法人の区分に応じて、それぞれ次に掲げる場合
に該当すること（措法66の4⑩、措令39の12⑱）。

(イ)　支払いを受ける場合

特定無形資産国外関連取引に係る判定期間に特定無形資
産の使用その他の行為により生じた利益の額が特定無形資
産国外関連取引を行った時において当該判定期間に特定無

　　　形資産の使用その他の行為により生ずることが予測された

　　　利益額に120％を乗じて計算された金額を超えないこと

　㋺　支払う場合

　　　特定無形資産国外関連取引に係る判定期間に特定無形資

　　産の使用その他の行為により生じた利益の額が特定無形資

　　産国外関連取引を行った時において当該判定期間に特定無

　　形資産の使用その他の行為により生ずることが予測された

　　利益の額に80％を乗じて計算された金額を下回らないこと

　　収益乖離要件は、法人が算定した予測利益が一定の信頼性を
有すると認められる場合には、法人が価格調整措置の適用リス
クに長期間さらされることのないように、判定期間を経過した
日後には価格調整措置を適用しないこととするために収益乖離
要件が設けられています。

　　なお、「判定期間」とは、法人と特殊の関係のない者又は法
人との間で特定無形資産国外関連取引を行った国外関連者と特
殊の関係のない者から受ける特定無形資産の使用その他の行為
による収入が最初に生じた日を含む事業年度開始の日から５年
を経過するまでの期間をいいます。収益乖離要件を満たす場合
には、価格調整措置は判定期間を経過した日後から適用されな
いこととなります。

適用免除基準（収益乖離要件のイメージ）

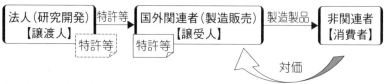

《予測利益と実際利益》

	X1年 （譲渡年）	X2年	X3年	X4年	X5年	X6年	X7年
予測利益	0	100	300	350	350	350	350
実際利益	0	200	300	400	400	400	400

判定期間（5年）

《適用免除の判定（対価の額の支払を受ける場合の例）》

実際利益計	≦ 予測利益計	×	120%	を満たす場合は適用免除
1,700	≦ 1,450	×	120%	⇨ 適用免除

（出典：「令和元年版　改正税法のすべて」599頁）

参考1　収益の源泉

　超過収益が発生している場合、当該超過収益の発生原因を分析することが重要です。発生原因としては、稼働率の向上、生産性の向上、コスト削減、市場の状況、政府規制、税制優遇制度など様々なものがあります。超過収益の源泉を明確に認識するためには、どのような要因がどのようにして超過収益の発生に貢献しているのかを分析することが重要です。

　超過収益の発生原因の解明がなされないまま、伝統的取引基準法、取引単位利益法を適用しても、比較可能性分析が十分に検討されていないことから適切な独立企業間価格の算定にはなりません。

参考2　費用分担契約

　移転価格税制において困難な問題をもたらす無形資産の所有者、無形資産の評価等の問題を解決する方法の1つとして費用分担契約があります。

　費用分担契約とは、①特定の無形資産を開発する等の共通の目的を有する契約当事者（参加者）間で、②その目的の達成のために必要な活動（研究開発等の活動）に要する費用を、当該研究開発等の活動から生じる新たな成果によって各参加者において増加すると見込まれる収益又は減少することが見込まれる費用（予測便益）の各参加者の予測便益の合計額に対する割合（予測便益割合）によって分担することを取り決め、③当該研究開発等の活動から生じる新たな成果の持分を各参加者のそれぞれの分担額に応じて取得する契約です（事務運営要領3−15）。

　各参加者は、開発された無形資産の所有権を取得することとなり、当該無形資産の使用に対してロイヤリティを支払う必要はありません。

　しかし、費用分担契約に、特定の参加者が既存の無形資産を持ち込み当該既存の無形資産が費用分担契約において使用されている場合には、独立企業間価格としての使用料が支払われるか、費用分担割合に当該無形資産の使用料を勘案して調整を行っているかどうかを検討する必要があります（事務運営要領3−18）。

　また、新たに開発される無形資産によって増加すると見込まれる収益（減少することが見込まれる費用）の見積りが必要であるといった問題があります。費用分担契約を締結する場合においても、無形資産の評価の問題を解決する必要があります。

　法人が国外関連者との間で締結した費用分担契約に基づく費用の負担及び持分の取得は、国外関連取引に該当し、当該費用分担契約における当該法人の予測便益割合が当該法人の適正な予測便益割合に比して過大であると認められるときは、当該法人が分担した費用の総額のうちその過大となった割合に対応する部分の金額は、独立企業間価格を超えるものとして損金の額に算入されないこととなります（事務運営要領3－16）。

> **参考3**　OECD 租税委員会における BEPS（Base Erosion and Profit Shifting：税源浸食と利益移転）行動計画 8 －10に関する最終報告書
>
> 　OECD 租税委員会は BEPS 行動計画 8 －10に基づき OECD 移転価格ガイドラインの第 1 章 D（商業上又は資金上の関係の特定、正確に描写された取引の認識、損失、政府の政策による影響、関税評価額の使用、ロケーション・セービング及び他の現地市場の特徴、集合労働力、多国籍企業のグループシナジー）、無形資産に関するガイドライン第 6 章、低付加価値グループ内役務提供に関する第 7 章、費用分担契約に関する第 8 章の最終報告書を公表しました。

独立企業間価格との調整

　実際の取引価格が独立企業間価格でないことにより、わが国の所得金額が過少となっている場合で決算調整ができなかった場合には申告調整（申告書別表四における加算）あるいは修正申告書の提出をすることができます。逆に、わが国の所得が過大となっている場合には、決算調整はできますが申告調整（申告書別表四による減算）はできません。これは、租税特別措置法第66条の４の規定がわが国の所得が過少となっていることを防止することを規定しており、過大となっていることについては規定していないからです。わが国の所得が過大となっており、決算調整できなかった場合に更正の請求は基本的にはできません。

　実際の取引価格と独立企業間価格が異なることから、「自主的に」調整する場合には、移転価格分析を十分に行った上で行う必要があり、後日、課税当局から移転価格税制上適切でないと指摘されたり寄附金であると指摘されるおそれがないようにする必要があります。移転価格分析を十分に行った上で「自主的に」調整する場合には、税務当局から国外関連取引を「移転価格」の観点から調査が行われ、自主的に調整した結果が独立企業間価格とは認められなかった場合に移転価格課税による更正が行われ、独立企業間価格と認められた

場合には移転価格課税は行われません。

　国外関連者と取引を行い、それに係る収益の計上を行っていない場合、支払を受けるべき金額又は支払うべき金額のうち当該国外関連者に実質的に資産の贈与又は経済的な利益の供与と認められる金額があるときは、寄附金課税がなされるリスクがあります（事務運営要領3−20）。特に、遡及して価格修正を行い、国外関連者に対する金銭の支払又は費用等の計上により調整する場合には、当該支払等に係る理由、事前の取決めの内容、算定の方法及び計算根拠、当該支払等を決定した日、当該支払等をした日等を総合的に勘案して、当該支払等が合理的な理由に基づくものと認められるときは、取引価格の修正が行われたものとして移転価格の問題の有無が検討されます。当該支払等が合理的な理由に基づくものと認められない場合には、寄附金課税の問題が発生しますので注意して下さい（事務運営要領3−21）（「XⅢ　**寄附金課税と移転価格税制**」を参照して下さい）。事前確認（APA）を得ている場合には、合意内容にしたがって調整を行っている限りこのようなリスクはありません。

決算調整と申告調整の可否

	決算調整	申告調整
わが国所得が過少のとき	○	○
わが国所得が過大のとき	○	×

（注）　事前確認（APA）を得ている場合も同様の取扱いとなります。

　なお、本店等と恒久的施設との間の内部取引についても移転価格

税制が適用され、わが国の所得の金額が過少となっているとき、又は損金の額に算入すべき金額が過大となっているときは、当該内部取引は独立企業間価格によるものとされています（措法66の4の3、67の18)。したがって、独立企業間価格の調整に関しては、上記と同様の扱いがとられています。

移転価格調査

　わが国においては、税務調査によって納税者がわが国の移転価格税制を遵守しているか否かを確認することに重点を置いているといえます。

　移転価格の調査は、納税者あるいは業界の各種資料情報を基になされますが、納税者の移転価格税制上の問題の有無を的確に判断するために、①納税者が行っている非関連取引と比較して、国外関連取引の売上総利益率又は営業利益率が過少となっていないかどうか（納税者の内部に存在する非関連取引との比較）、②納税者が行っている国外関連取引の利益率等が、類似の事業を行っている非関連者である他の法人の利益率等に比較して過少となっていないかどうか（外部の非関連取引との比較）、③納税者と国外関連者の利益配分が適切であるかどうか（利益配分状況の検討）等の観点により、個々の取引実態に即した検討を行うとされています（事務運営要領3－1）。

　この検討は、裏返せば、国外関連者の利益が過大になっていないか、を意味していますので、納税者は国外関連者の利益の発生状況にも注目して国外関連者の利益率が果たしている機能等に比べて過大となっていないか、発生した過大な利益の発生要因はなにである

のか等をチェックすることが重要です。

　国税庁によりますと、「移転価格税制の執行に当たっては、申告書別表17⑷はもちろんのこと、多面的な情報収集に努め、移転価格上の問題が潜在すると思われる調査必要度の高い法人を的確に選定し、調査を実施することとしています」と発表されています。

　なお、移転価格調査が開始されますと、おおむね2年程度を要するとともに、資料提供依頼も多岐にわたることから、相当の労力を要することとなります。納税者は、移転価格調査が開始されないよう、あるいは、開始されても自らの移転価格政策を説明できるようにあらかじめ準備しておくことが必要ではないかと思います。わが国の移転価格文書化は、租税特別措置法第66条の4第6項及び第7項（独立企業間価格を算定するために必要と認められる書類（ローカルファイル））に規定が設けられています（**Ⅹ　「文書化制度」**を参照して下さい）。

　平成28年6月28日付けで「恒久的施設帰属所得に係る所得に関する調査等に係る事務運営要領の制定について（事務運営指針）」（以下、「事務運営指針」といいます）が公表されました。当事務運営指針では、次のように規定されています。

　外国法人の各事業年度の恒久的施設帰属所得に係る所得に関する調査及び内国法人の各事業年度の国外事業所等帰属所得に係る所得に関する調査に係る事務については、次に掲げる基本方針に従って運営する。

① 　恒久的施設帰属所得に係る所得の金額の計算方法及び国外事業所等帰属所得に係る所得の金額の計算方法が独立企業原則に基づ

いていることに配意し、恒久的施設帰属所得の認識又は国外事業所等帰属所得の認識が機能及び事実の適切な分析に基づくものであるか、また、租税特別措置法第66条の4の3第1項（外国法人の内部取引に係る課税の特例）に規定する内部取引の対価の額とした額又は租税特別措置法第67条の18第1項（国外所得金額の計算の特例）に規定する内部取引の対価の額とした額が非関連者間取引（外国法人若しくは内国法人が非関連者（租税特別措置法第66条の4第1項（国外関連者との取引に係る課税の特例）に規定する特殊の関係にない者をいう。以下、同じ）との間で行う取引（同条第5項の適用がある取引を除く。）又は外国法人若しくは内国法人の非関連者が当該非関連者の他の非関連者との間で行う取引をいう）において通常付された価格となっているかどうかを十分に検討する。

② ①の検討に当たっては、法人の営む事業の内容、当該事業に従事する者の活動状況、当該事業に係る市場の状況及び業界情報等の幅広い事実の把握に努め、必要に応じ移転価格事務運営指針を参考にし、適切な執行に努める。

なお、外国法人の内部取引に係る文書化は租税特別措置法第66条の4の3第4項及び第5項に、内国法人の内部取引に係る文書化は租税特別措置法第67条の18第3項及び第4項に規定されています。

近年の移転価格調査の対象取引は有形資産取引から役務提供取引、無形資産取引へ、対象地域は欧米から東南アジア地域等へと重点が

移動しています。

　なお、わが国の移転価格課税の推移は次の表「移転価格課税件数・金額の推移」のとおりであり、1997年事務年度以降をみても2018事務年度までで件数が2,817件、金額が1兆8,235億円になっています。1件当たりの更正金額は単純平均で約6.4億円となっていますが、大型の更正事案を除外すると1件当たりの更正金額はそれ程大きくないと推測できます。

　特に、近年5年間の移転価格課税の1件当たりの更正金額をみると、2015年0.6億円、2016年3.7億円、2017年2.4億円、2018年1.4億円、2019年2.5億円となっています。なお、相手国との相互協議を行った後あるいは訴訟等後の移転価格課税金額は公表されていません。

移転価格課税件数・金額の推移

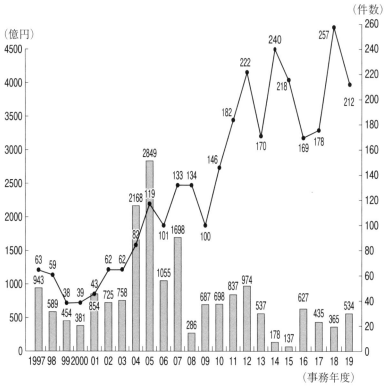

（注） 事務年度は 7 月 1 日から翌年 6 月30日までです。たとえば、2018事務
年度は、2018年 7 月 1 日から2019年 6 月30日となります。

（出典：国税庁公表資料）

◆─◆─◆◆─◆【 重要事項解説 】◆─◆◆─◆─◆

1　事前通知

　「経済社会の構造の変化に対応した税制の構築を図るための所得税法等の一部を改正する法律」（平成23年法律第114号）により、国税通則法の一部が改正され、調査手続に関する現行の運用上の取扱いが法令上明確化されたことに伴い、国税通則法第7章の2（国税の調査）関係通達が定められました。

　当該通達では、調査は、納税義務者について税目と課税期間によって特定される納税義務に関してなされるものであることから、別段の定めがある場合を除き、当該納税義務に係る調査を一の調査として国税通則法第74条の9（事前通知）、第74条の10（事前通知を要しない場合）、第74条の11（調査終了の際の手続）までの各条を適用するとしています。そして別段の定めとして、同一課税期間の法人税の調査について、移転価格調査とそれ以外の部分の調査に区分して、納税義務者の事前の同意があるときは、納税義務者の負担軽減の観点から、一の調査を区分して国税通則法第74条の9から第74条の11までの各条の規定を適用することができるとしています（国税通則法第7章の2（国税の調査）関係通達4−1(4)）。

　法人税の調査において、移転価格調査以外の調査を移転価格調査と分離して行う場合には納税者の事前（調査開始前）の同意が必要であると規定しているのです。分割した調査（移転価格調査とそれ以外の調査）の対象となる課税原因が一般的には相互に関連せず、調査の対象が重複しないと考えられること、これらの調査を行う調査担当者は別グループとなっていること、調査期間が相当異なることから、納税者の同意を前提として別々に行うことができるとされたものと考えられます。

2　調査時に検討を行う書類

　調査においては、例えば次に掲げる書類（帳簿その他の資料を含む）

から国外関連取引の実態を的確に把握し、移転価格税制上の問題があるかどうかを判断するとしています（事務運営要領3－4）。

  (1) 法人及び国外関連者ごとの資本関係及び事業内容を記載した書類

    イ 法人及び関連会社間の資本及び取引関係を記載した書類

    ロ 法人及び国外関連者の沿革及び主要株主の変遷を記載した書類

    ハ 法人にあっては有価証券報告書又は計算書類その他事業内容を記載した書類、国外関連者にあってはそれらに相当する書類

    ニ 法人及び国外関連者の主な取扱品目及びその取引金額並びに販売市場及びその規模を記載した書類

    ホ 法人及び国外関連者の事業別の業績、事業の特色、各事業年度の特異事項等その事業の内容を記載した書類

  (2) 措置法施行規則第22条の10第6項第1号において国外関連取引の内容を記載した書類として掲げる書類

  (3) 同項第2号において独立企業間価格を算定するための書類として掲げる書類

  (4) その他の書類

    イ 法人及び国外関連者の経理処理基準の詳細を記載した書類

    ロ 外国税務当局による国外関連者に対する移転価格に係る調査の内容を記載した書類

    ハ 国外関連者が、ローカルファイルに相当する書類を作成している場合（法人が当該国外関連者との取引に係るローカルファイルに相当する書類に記載された事項についてローカルファイルを作成している場合を除く。）の当該書類

    ニ その他必要と認められる書類

  （注） 必要に応じて、事業概況報告事項及び国別報告事項を参照する。

3 独立企業間価格幅（レンジ）

  比較対象取引が複数存在し、一定の幅を形成している場合において、租税特別措置法通達66の4(3)－4（比較対象取引が複数ある場合の取扱

い）では、当該幅の中に国外関連取引の対価の額があるときは、当該国外関連取引については移転価格税制を適用した更正処分はしないことを規定しています。

　国外関連取引の対価が独立企業間価格幅の外にある場合については、移転価格事務運営要領で次のように規定しています。

　同事務運営要領４－８（比較対象取引が複数ある場合の独立企業間価格の算定）では、「比較対象取引が複数存在し、当該比較対象取引に係る価格又は利益率等（差異の調整後のものに限ります。以下「比較対象利益率等」といいます）が形成する一定の幅の外に当該国外関連取引に係る価格又は利益率等がある場合には、原則として、比較対象利益率等の平均値に基づき独立企業間価格を算定する方法を用いるが、中央値など、比較対象利益率等の分布状況等に応じた合理的な値が他にある場合は、これを用いることができる」と規定しています。

　事務運営要領４－６（差異の調整に統計的手法を適用した場合の取扱い）では、「中央値による調整（定量的に把握することが困難な差異が存在する場合に、調整済割合に対する当該差異の影響が軽微であると認められるときに行うことができる）を行うことができる場合において、国外関連取引の対価が四分位レンジの間にある割合を用いて算定されるときは、移転価格課税を適用しない」と規定しています。

　なお、本店等と恒久的施設の間の内部取引に関して、比較対象取引が複数ある場合で独立企業間価格が一定の幅を形成している場合において、当該幅の中に当該内部取引の対価の額とした額があるときは、当該内部取引は移転価格課税の規定の適用はないとされています（措通66の４の３(2)－４、67の18－１）。

参考 他税制との関係

○外国子会社合算税制

　移転価格税制と外国子会社合算税制（措法66の６）の両税制が二重に適用されることを排除するため、特定外国子会社等の課税対象金額の計算において、当該子会社等との取引について移転価格税制の適用がある場合には、その取引価格を独立企業間価格で行われたものとして計算することとなっています（措令39の15①）。

○過少資本税制との関係

　移転価格税制とともに過少資本税制（措法66の５）の規定を適用する場合には、「負債の利子等」の額の算定において、独立企業間価格を超える部分の「負債の利子等」の額を含めないことに留意することとなっています（事務運営要領３−25)。

○過大支払利子税制との関係

　移転価格税制とともに過大支払利子税制（措法66の５の２）の規定を適用する場合には、次のことに留意することとなっています（事務運営要領３−26)。

　　・「対象支払利子等の額」の算定において、独立企業間価格を超える部分の「支払利子等の額」を含めないこと

　　・「控除対象受取利子等合計額」の算定において、独立企業間価格に満たない部分の「受取利子等の額」を含めること及び独立企業間価格を超える部分の「支払利子等の額」を含めないこと

　　・「調整所得金額」の算定において、国外関連取引が独立企業間価格で行われたものとみなして計算した場合に算出される所得の金額を基礎とすること

　　・「調整損失金額」の算定において、独立企業間価格で行われたものとみなして計算した場合に算出される損失の金額を基礎とすること

　なお、過少資本税制と過大支払利子税制が同時に適用されますが損金不算入となる利子は、原則として、それぞれの制度の下で計算された損金不算入額のどちらか大きい方の額となります。

文書化制度

　OECD の BEPS（税源浸食と利益移転）プロジェクトの勧告を踏まえ、平成28年度の税制改正により、移転価格税制に係る文書化制度が整備されました。提出義務のある書類は、大きく分けて、①国外関連取引を行った法人が作成する文書すなわち「独立企業間価格を算定するために必要な書類」（ローカルファイル）等と②多国籍企業グループが作成する文書すなわち「最終親会社等届出事項」、「国別報告事項」（CbC レポート）及び「事業概況報告事項」（マスターファイル）とがあります。①については、従来から財務省令にその書類の内容が掲げられていましたが、税制改正により変更が加えられ、作成及び保存義務が設けられました。また、②については、新たに設けられた報告文書といえます。

　これらの書類の提出を怠った場合には、推定課税及び同業者調査のような間接的な罰則又は罰金が科されることがありますが、これらの適用要件についても明確化されました。

1 ①②の要件（同時文書化対象国外関連取引）に該当する国外関連取引を行った法人が作成を要請される文書（ローカルファイル）
　① 国外関連取引の合計金額（前事業年度）が50億円以上又は
　② 無形資産取引の合計金額（前事業年度）が３億円以上である法人
　同時文書化対象国外関連取引は、当該国外関連取引に係る独立企業間価格を算定するために必要と認められる書類を確定申告書の提出期限までに作成又は取得し、保存しなければならない（措法66の4⑥、措規22の10⑥⑦）。

　なお、上記の国外関連同時文書化義務を免除される同時文書化免除国外関連取引について、移転価格調査の対象となった場合には税務調査時にはこれらの取引において独立企業間価格を算定するために重要と認められる書類として財務省令で定める書類の提示又は提出を求められることがある（措法66の4⑭、措規22の10⑫）。

2 多国籍企業グループが作成する文書（最終親会社等届出事項、国別報告事項（CbCレポート）、事業概況報告事項（マスターファイル））
　直前会計年度の連結総収入金額1,000億円以上の多国籍企業グループ（特定多国籍企業グループ（措法66の4の4④））の構成会社等である内国法人及び恒久的施設を有する外国法人は、
　・最終親会社等届出事項（措法66の4の4⑤、措規22の10⑨）
　・国別報告事項（CbCレポート（措法66の4の4①、措規22の10の4①））
　・及び事業概況報告事項（マスターファイル（措法66の4の5①））
を国税電子申告・納税システム（e-Tax）で国税当局に提供しなければならない。

1　独立企業間価格を算定するために必要な書類（ローカルファイル）

(1)　国外関連取引における独立企業間価格算定のための詳細な情報

　国外関連取引を行った法人は、当該国外関連取引に係る独立企業間価格を算定するために必要と認められる書類（電磁的記録を含みます。「ローカルファイル」といいます）を確定申告書の提出期限までに作成し、保存する必要があります（このことを「同時文書化義務」といいます）（措法66の4⑥、措規22の10⑥）。

　独立企業間価格を算定するために必要と認められる書類とは、財務省令で定められていますが（**「重要事項解説」** の1（147頁）参照）、これらは、原則として、確定申告書の提出期限の翌日から7年間（欠損金額が生じた事業年度にあっては、10年間）、国外関連取引を行った法人の国内事務所等で保存する必要があります（措法66の4⑥、措規22の10⑦⑧）。ただし、平成29年4月1日から平成30年3月31日までの間に開始する事業年度に係る書類については、9年間保存する必要があります（改正措規附則22①）。

　また、書類の原本が国外にある場合は、その写しを保存することになっています（措規22の10⑦）。

　なお、次の場合には、同時文書化義務を免除されますが（措法66の4⑦、「同時文書化免除国外関連取引」といいます）、移転価格調査時には書類の提示又は提出を求められることがあります（ローカルファイルに相当する書類：ローカルファイルに相当する書類に記載された内容の基礎となる事項を記載した書類、関連する事項を記

載した書類、その他独立企業間価格を算定する場合に重要と認められる書類など（措法66の4⑭、措規22の10⑪））。

① 一の国外関連者との間の前事業年度（前事業年度がない場合には当該事業年度）の取引金額（受払合計）が50億円未満、かつ、

② 一の国外関連者との間の前事業年度（前事業年度がない場合には当該事業年度）の無形資産取引金額（受払合計）が3億円未満である場合

提出期限は、調査において提示又は提出を求められた日から60日を超えない範囲内において当該職員が合理的な日として指定する日までに、使用言語には特に指定はありませんが、日本語以外の場合には、必要に応じて日本語訳の提出を求められる場合があります。

外国の税制に基づいて作成されている文書化の資料をわが国のローカルファイルの一部として使用することができますが、ローカルファイル全体の整合性には留意して下さい。

以上の国外関連取引を行った法人が作成する文書については、平成29年4月1日以後に開始する事業年度から適用されます。

(2) 推定課税及び同業者調査

調査において税務職員が税法の定めに基づき指定した期日までに「独立企業間価格を算定するために必要（又は重要）と認められる書類」（146頁「Keyword」参照）の提出がない場合には、所定の方法で算定した金額を独立企業間価格と推定した課税（推定課税とい

います）及び同種の事業を営む者に対して質問検査を行うこと（同業者調査といいます）ができるとされています。この適用要件は、

①　法人に同時文書化義務のある国外関連取引（「同時文書化対象国外関連取引」といいます）に係る独立企業間価格を算定するために必要と認められる書類の提出等を求めた場合において、その提出等を求めた日から45日を超えない範囲内においてその提出等の準備に通常要する日数を勘案して国税職員が指定する日までにこれらの提出等がなかったとき

②　法人に同時文書化対象国外関連取引に係る独立企業間価格を算定するために重要と認められる書類の提出等を求めた場合において、その提出等を求めた日から60日を超えない範囲内においてその提出等の準備に通常要とする日数を勘案して税務職員が指定する日までにこれらの提出等がなかったとき

となっています。

　また、法人に同時文書化免除国外関連取引に係る独立企業間価格を算定するために重要と認められる書類の提出等を求めた場合において、その提出等を求めた日から60日を超えない範囲内においてその提出等の準備に通常要する日数を勘案して税務職員が指定する日までにこれらの提出等がなかったときにも、推定課税及び同業者調査を行うことができるとされています（措法66の4⑫⑭、⑰⑱）。

　なお、同業者調査を受けた者が、国税職員の質問に答弁しなかったり、偽りの答弁をした場合及び帳簿書類の提出や提示の要求に対して応じなかったり、偽りを記載したものを提出等した場合には、30万円以下の罰金が科せられます（措法66の4㉒）。

> **Keyword**：独立企業間価格を算定するために必要(又は重要)と認められる書類
>
> 「独立企業間価格を算定するために必要と認められる書類」と「独立企業間価格を算定するために重要と認められる書類」の二つの表現で規定されていますが、「独立企業間価格を算定するために重要と認められる書類」とは、「独立企業間価格を算定するために必要と認められる書類（措規22の10⑥）」（次頁「**重要事項解説**」の 1 参照）に記載された内容の基礎となる事項及び関連する事項を記載した書類とされています（措規22の10⑪）。

(3)　外国法人等の内部取引

　外国法人の内部取引及び内国法人の国外所得金額の計算等に当たっては、移転価格税制が準用されることとなっており、上記の文書化制度については同様な改正が行われ、法人の平成29年 4 月 1 日以後に開始する事業年度から適用されます（措法66の 4 の 3 、67の18）。

重要事項解説

1 独立企業間価格を算定するために必要と認められる書類とは何か

　独立企業間価格の算定に必要な書類等は租税特別措置法施行規則に次のとおり規定されています。

① 国外関連取引の内容を記載した書類（措規22の10⑥一）

　イ　国外関連取引に係る資産の明細及び役務の内容を記載した書類

　ロ　国外関連取引において法人及び国外関連者が果たす機能並びに当該国外関連取引において当該法人及び当該国外関連者が負担するリスク（為替相場の変動、市場金利の変動、経済事情の変化その他の要因による当該国外関連取引に係る利益又は損失の増加又は減少の生ずるおそれをいいます。）に係る事項（当該法人又は当該国外関連者の事業再編（合併、分割、事業の譲渡、事業上の重要な資産の譲渡その他の事由による事業の構造の変更をいいます。）により当該国外関連取引において当該法人若しくは当該国外関連者が果たす機能又は当該国外関連取引において当該法人若しくは当該国外関連者が負担するリスクに変更があった場合には、その事業再編の内容並びにその機能及びリスクの変更の内容を含みます。）を記載した書類

　ハ　法人又は国外関連者が国外関連取引において使用した無形固定資産その他の無形資産の内容を記載した書類

　ニ　国外関連取引に係る契約書又は契約の内容を記載した書類

　ホ　法人が、国外関連取引において国外関連者から支払を受ける対価の額又は当該国外関連者に支払う対価の明細、当該支払を受ける対価の額又は当該支払う対価の額の設定の方法及び当該設定に係る交渉の内容を記載した書類並びに当該支払を受ける対価の額又は当該支払う対価の額に係る独立企業間価格（同項に規定する独立企業間価格をいいます。以下にこの条において同じ。）の算定の方法及び

当該国外関連取引（当該国外関連取引と密接に関連する他の取引を含みます。）に関する事項についての我が国以外の国又は地域の権限ある当局による確認がある場合（当該法人の納税地を所轄する国税局長又は税務署長による確認がある場合を除きます。）における当該確認の内容を記載した書類

　ヘ　法人及び国外関連者の国外関連取引に係る損益の明細並びに当該損益の額の計算の過程を記載した書類

　ト　国外関連取引に係る資産の販売、資産の購入、役務の提供その他の取引に係る市場に関する分析（当該市場の特性が当該国外関連取引に係る対価の額又は損益の額に与える影響に関する分析を含みます。）その他当該市場に関する事項を記載した書類

　チ　法人及び国外関連者の事業の内容、事業の方針及び組織の系統を記載した書類

　リ　国外関連取引と密接に関連する他の取引の有無及びその取引の内容並びにその取引が当該国外関連取引と密接に関連する事情を記載した書類

②　独立企業間価格を算定するための書類（措規22の10⑥二）

　イ　法人が選定した独立企業間価格の算定方法、その選定に係る重要な前提条件及びその選定の理由を記載した書類その他当該法人が独立企業間価格を算定するに当たり作成した書類

　ロ　法人が採用した国外関連取引に係る比較対象取引の選定に係る事項及び当該比較対象取引等の明細（当該比較対象取引等の財務情報を含みます。）を記載した書類

　ハ　法人が利益分割法を選定した場合における当該法人及び国外関連者に帰属するものとして計算した金額を算出するための書類

　ニ　法人がDCF法を選定した場合における当該国外関連取引を行った時の現在価値として割り引いた金額の合計額を算出するための書類

　ホ　法人が独立企業間価格を算定するに当たり用いた予測の内容、当該予測の方法その他当該予測に関する事項を記載した書類（ハ及び

ニに掲げる書類を除きます。)

　ヘ　法人が複数の国外関連取引を一の取引として独立企業間価格の算
　定を行った場合のその理由及び各取引の内容を記載した書類

　ト　比較対象取引等について差異調整（中央値による調整を含みます。)
　を行った場合のその理由及び当該差異調整の方法を記載した書類

2　ローカルファイルはいつの情報で作成するか

　ローカルファイル作成のための情報については、次のように扱われま
す（事務運営要領 2 - 4 (1)(2)(3)）。

　(1)　法人が国外関連者と取引を行う際に、又は確定申告書を提出する
　　際に利用可能である最新の情報に基づいて、ローカルファイルを作
　　成等している場合には、当該ローカルファイルは租税特別措置法の
　　規定（措法66の4⑥）に従って作成されたものとされます。

　(2)　国外関連者が作成したローカルファイルに相当する書類を法人の
　　ローカルファイルとして使用する場合、当該法人と当該国外関連者
　　の決算期が異なることから生ずる双方の作成時期に係る差異につい
　　ては、調整を要しないこととされています。

　(3)　法人が行う同時文書化対象国外関連取引について、調査において、
　　当該法人に係る国外関連者から支払を受ける対価の額又は当該法人
　　が当該国外関連者に支払う対価の額が独立企業間価格かどうかの検
　　討を行う前に、国税職員は、当該法人に対し、財務省規則（措規22
　　の10⑥二ロ）に規定する比較対象取引等の財務情報の更新を求めな
　　いこととされています。

3　国外関連取引における独立企業間価格算定のための情報

　納税者から資料提供がない場合には推定課税の適用が認められていま
す。課税当局は、推定課税適用の要件としての書類の準備に限らず、納
税者が企業の移転価格の重要性の認識や理解の下で自主的に文書化に取
り組むことを期待しています。

　なお、法人が、国税職員から財務省令（措規22の10）に定められた移転価格文書に該当するものとして書類の提示又は提出を求められる場合において、国税職員は、まず、当該算定に用いた書類を総合的に検討して、独立企業間価格の算定ができるかどうかを判断するとされています。したがって、当該判断の結果、当該書類に基づき独立企業間価格を算定することができず、推定課税等の適用要件に合致する場合に法人にその理由を説明することになっています（事務運営要領3－5(5)）。

4 推定課税の方法

　推定課税の方法は、①法人の国外関連取引に係る事業と同種の事業を営む法人で事業規模その他の事業の内容が類似するものの売上総利益率又はこれに準ずる割合として、租税特別措置法施行令で定めた割合（同種の事業を営む法人で事業規模その他の事業の内容が類似するものの売上総利益の額の総収入金額又は総原価の額に対する割合）を基礎とした再販売価格基準法、原価基準法、若しくはこれらの方法と同等の方法、②その他租税特別措置法施行令で定める方法としての利益分割法、取引単位営業利益法に類する方法又は、これらの方法と同等の方法とされていました。

　利益分割法及び取引単位営業利益法のそれぞれに類する方法は、平成18年4月1日開始事業年度から適用を認められ、また、平成25年度の税制改正においてベリー比を利益水準指標とする取引単位営業利益法が導入されたことにより、推定課税における独立企業間価格の算定方法の適用の幅が拡大されています。

　さらに、令和元年の税制改正において独立企業間価格の算定方法にDCF法が追加されたことに伴い推定課税においてもDCF法に対応する方法が追加されました（措法66の4⑫⑭、措令39の12⑲⑳）。

　推定課税が適用される場合に他の独立企業間価格を用いる方法と同様に法人の協力が得られないことから通常の価格算定方法を用いた場合に比較して比較可能性の水準が引き下げられています。DCF法についても、通常のDCF法に求められる計算方法に比べてその内容が緩和されてい

ます。具体的には、取引時に法人や国外関連者のみが知りうる情報を勘案する必要はなく、取引時に税務当局が知り得る状況にある情報のみを用いて独立企業間価格の算定を行うことが認められます。

　適用順位は、次のとおりです。

《第一順位》

- ・　再販売価格基準法に対応する方法又はこれに準ずる方法（これらの方法と同等の方法を含みます）
- ・　原価基準法に対応する方法又はこれに準ずる方法（これらの方法と同等の方法を含みます）

《第二順位》

- ・　利益分割法に対応する方法
- ・　取引単位営業利益法に対応する方法又はこれに準ずる方法（これらの方法と同等の方法を含みます）

《第三順位》

- ・　DCF法に対応する方法又はこれに準ずる方法（これらの方法と同等の方法を含みます。）

　また、特定無形資産国外関連取引に係る価格調整措置が追加されたことから、通常の価格算定方法による独立企業間価格の算定及び価格調整措置による独立企業間価格の算定に必要な価格算定文書（同時文書化対象国外関連取引に係る独立企業間価格を算定するために必要な書類及び重要と認められる書類並びに同時文書化免除国外関連取引に係る独立企業間価格を算定するために重要と認められる書類をいいます）の提出がない場合に適用されます（措法66の4⑫本文・⑭、措規22の10⑪⑫）。

　ただし、価格調整措置の適用がある場合又は価格調整措置の適用免除基準（文書化要件）を満たす場合には、推定課税規定は適用されません（措法66の4⑫ただし書・⑭ただし書）。また、価格調整措置の適用免除基準（収益乖離要件）を満たす場合には、収益乖離要件における判定期間を経過する日後は推定課税規定の適用はありません（措法66の4⑬⑮）。

5 別表17⑷

　別表17⑷は、従来どおり、申告書の提出と同時に添付する必要があり、国外関連者の名称及び本店又は主たる事務所の所在地（措法66の4㉕）だけでなく法人が取引を行う者が当該法人に係る国外関連者に該当する事情、国外関連者の資本金の額又は出資金の額、従業員の数、国外関連者の営む主たる事業の内容、国外関連者の営業収益、営業費用、営業利益、税引前当期利益、利益剰余金の額、取引種類別の支払を受ける又は支払う対価の額の総額、選択した独立企業間価格の算定方法、外国の権限ある当局の確認の有無等を記載しなくてはなりません（措規22の10⑬）。特に、選択した独立企業間価格の算定方法の記載は、慎重な検討に基づいてなされねばならないと思います。

　なお、移転価格調査時には、別表17⑷に記載した独立企業間価格の算定方法を選択した理由を聞かれると考えられますが、仮に、間違っていても罰則規定はありません。しかし、納税者の移転価格税制に対する取り組み姿勢に疑問を持たれるおそれがありますので事前の十分な検討が必要といえます。

参考1 推定課税適用を回避するには

　移転価格調査においては、独立企業間価格算定に必要な書類として、既存の保管書類ではなく、データの加工を要する新規の書類（例：切り出し利益計算資料等）の提出を求められる場合があります。また、求められた書類は申告関係資料にとどまらず多様であるため、その書類の存否を認識していない書類であることも多いと思います。

　このため、調査が実際に開始された後、移転価格の問題に対応すると指定された期日までに提出できないリスクがあるため、日頃から移転価格の問題意識をもち価格設定関係、利益の分析結果等の関連する資料を集積しておく体制を構築することが有用です。

　さらに、事前の準備として、法令で求められていない書類を念頭において移転価格の文書化を図ることは、最大の推定課税を回避する方策といえます。

2　多国籍企業グループが作成する文書

(1)　最終親会社等届出事項

　特定多国籍企業グループ（多国籍企業グループの連結総収入金額が1,000億円以上の多国籍企業グループ（措法66の4の4④））の構成会社等である内国法人又は恒久的施設を有する外国法人は、最終親会社等及び代理親会社等に関する情報を記載した最終親会社等届出事項を、報告対象となる会計年度の終了の日までに、e-Tax により、所轄税務署長に提供する必要があります（措法66の4の4⑤）。

　届出事項は、最終親会社等及び代理親会社等の①名称、②本店又は主たる事務所の所在地（最終親会社等の居住地国が外国である場合は本店若しくは主たる事務所又はその事業が管理され、かつ、支配されている場所の所在地）、③法人番号、④代表者の氏名、と規定されています（措規22の10の4⑨）。

　最終親会社等届出事項を提供すべき内国法人及び恒久的施設を有する外国法人が複数ある場合には、原則として全ての法人に最終親会社等届出事項を提供する義務が生じますが、これらの法人のうちいずれか一の法人が、報告対象となる会計年度の終了の日までに、e-Tax により、最終親会社等届出事項を代表して提供する法人に関する情報を当該一の法人に係る所轄税務署長に提供した場合には、代表となる法人以外の法人は、最終親会社等届出事項を提供する必要がなくなります（措法66の4の4⑥）。

　提供する情報の主な内容は、①最終親会社等届出事項を代表して

提供する法人の名称、本店等所在地、法人番号、代表者の氏名等、②最終親会社等届出事項を代表して提供する法人以外の法人の名称、本店等所在地、法人番号、代表者の氏名等、となっています（措規22の10の4⑨⑩）。

　この提供義務は、平成28年4月1日以後に開始する最終親会計年度から適用されます。

(2)　国別報告事項（CbC レポート）

イ　最終親会社等又は代理親会社等が日本に所在する場合

　特定多国籍企業グループ（多国籍企業グループの連結総収入金額が1,000億円以上の多国籍企業グループ（措法66の4の4④））の構成会社等である内国法人（最終親会社等又は代理親会社等に該当するものに限ります）は、国別報告事項（「CbC レポート」といいます）を、報告対象となる会計年度の終了の日の翌日から1年以内に、e-Tax により、所轄税務署長に提供する必要があります（措法66の4の4①、措規22の10の4①）。

(注)　「代理親会社等」とは
　　　特定多国籍企業グループの最終親会社等以外のいずれか一の構成会社等で、国別報告事項又はこれに相当する事項を当該構成会社等の居住地国（最終親会社等の居住地国以外の国又は地域に限ります）の税務当局に提供するものとして最終親会社等が指定したものをいいます（措法66の4の4④六）。

　国別報告書の報告事項は、特定多国籍企業グループの構成会社等の事業が行われる国又は地域ごとの

① 　収入金額、税引前当期利益の額、納付税額、発生税額、資本金の額又は出資金額の額、利益剰余金の額、従業員の数及び有形資産（現金及び現金同等物を除きます）の額

② 　構成会社等の名称、構成会社等の居住地国と本店所在地国が異なる場合のその本店所在地国（本店所在地国と設立された国又は地域が異なる場合には、設立された国又は地域）の名称、及び構成会社等の主たる事業の内容

③ 　上記事項について参考となる事項

　この国別報告書事項は、租税条約等に基づく情報交換制度により、構成会社等の税務当局へ提供されます（これを「条約方式」といいます）。

□　最終親会社等及び代理親会社等が外国に所在する場合

　最終親会社等及び代理親会社等が外国に所在する場合には、当該最終親会社等又は代理親会社等が居住地国の税務当局に提出した国別報告事項に相当する情報が当該外国の税務当局に提供されるため、原則として特定多国籍企業グループの構成会社等である内国法人及び恒久的施設を有する外国法人には国別報告事項の提供義務は生じません。

　例外として、最終親会社等（代理親会社等を指定した場合には、代理親会社等）の居住地国の税務当局が国別報告事項に相当する情報の提供をわが国に対して行うことができないと認められる場合には（「**参考2**」参照）、特定多国籍企業グループの構成会社等である内国法人（最終親会社等又は代理親会社等に該当するものを除きます）又は恒久的施設を有する外国法人は、国別報告事項を報告対象となる会計年度の終了の日から1年以内に、e-Taxにより、所轄税務署長に提供する必要があります（この方法を「子会社方式」といいます）（措法66の4の4②、措令39の12の4①）。

　なお、子会社方式において、国別報告事項を提供すべき内国法人及び恒久的施設を有する外国法人が複数ある場合には、原則として全ての法人に国別報告事項を提供する義務が生じますが、特例としてこれらの法人のうちいずれか一の法人が、報告対象となる会計年度の終了の日の翌日から1年以内に、e-Taxにより、国

別報告事項を代表して提供する法人に関する情報を当該一の法人に係る所轄税務署長に提供した場合には、代表となる法人以外の法人は、国別報告事項を提供する必要がなくなります（措法66の４の４③）。提供する主な情報は、①国別報告事項を代表して提供する法人の名称、本店等所在地、法人番号、代表者の氏名等、②国別報告事項を代表して提供する法人以外の法人の名称、本店等所在地、法人番号、代表者の氏名等、とされています（措規22の10の４⑤）。

ハ　提供義務の免除

　特定多国籍企業グループとは、多国籍企業グループのうち、直前の最終会計年度の連結総収入金額が1,000億円以上であるものをいいますので（措法66の４の４④三、措規22の10の４⑦）、直前の最終親会計年度の連結総収入金額が1,000億円未満の多国籍企業グループに対しては、国別報告事項の提供義務は免除されています。次に説明する「事業概況報告事項」も同様の扱いとなっています。

ニ　罰則

　正当な理由なく国別報告書をその提出期限までに税務署長に提供しなかった場合には、30万円以下の罰金が科されます（措法66の４の４⑦）。これも「事業概況報告事項」と同様です。

ホ　その他

　国別報告事項の使用言語は英語となっており（措規22の10の４④）、国別報告事項に関する規定は、平成28年４月１日以後に開始する最終親会計年度から適用されます。

重要事項解説

1　国別報告事項の適切な使用

　国税職員は、国別報告事項並びに租税条約等に基づく情報交換により提供される国別報告事項に相当する情報については、課税上の問題の把握及び統計のために使用し、国別報告事項及び国別報告事項に相当する情報のみに基づいて、独立企業間価格の算定を行うことはできないとされています（事務運営要領2-1）。

参考 2

　最終親会社等（代理親会社等を指定した場合には、代理親会社等）の
居住地国の税務当局が国別報告事項に相当する情報の提供をわが国に対
して行うことができないと認められる場合とは、次に該当する場合です
（措令39の12の 4 ①）。

①　最終親会社等（代理親会社等を指定した場合には代理親会社等、
　②③に同じ）の居住地国（租税条約等の相手国等に限ります、②③
　に同じ）において、最終親会計年度に係る国別報告事項に相当する
　事項の提供を求めるために「必要な措置が講じられていない場合」

　　（注）「必要な措置が講じられていない場合」とは、国別報告事
　　　　　項に相当する事項の提供義務の制度がない場合をいい、提供
　　　　　義務の免除は該当しません（措通66の 4 の 4 - 3 ）。

②　財務大臣と最終親会社等の居住地国の権限ある当局との間の当局
　間合意がない場合

③　最終親会計年度の終了の日において、最終親会社等の居住地国が、
　わが国が行う国別報告事項の提供に相当する情報の提供をわが国に
　対して行うことができないと認められる国・地域として国税庁長官
　に指定されている場合（当局間合意がない場合を除きます）

(3)　事業概況報告事項（マスターファイル）

　特定多国籍企業グループ（多国籍企業グループの連結総収入金額が1,000億円以上の多国籍企業グループ（措法66の4の4④））の構成会社等である内国法人又は恒久的施設を有する外国法人は、特定多国籍企業グループの組織構造、事業の概要、財務状況その他の事業概況報告事項（「マスターファイル」といいます）を報告対象となる会計年度の終了の日の翌日から1年以内に、e-Tax により、所轄税務署長に提供する必要があります（措法66の4の5①）。報告項目は、**「重要事項解説」**（162頁）を参照して下さい。

　事業概況報告事項を提供すべき内国法人及び恒久的施設を有する外国法人が複数ある場合には、原則として全ての法人に事業概況報告事項を提供する義務が生じますが、これらの法人のうちいずれか一の法人が、報告対象となる会計年度の終了の日の翌日から1年以内に、e-Tax により、事業概況報告事項を代表して提供する法人に関する情報を当該一の法人に係る所轄税務署長に提供した場合には、代表となる法人以外の法人は、事業概況報告事項を提供する必要がなくなります（措法66の4の5②）。提供する情報の内容は、①事業概況報告事項を代表して提供する法人の名称、本店等所在地、法人番号、代表者の氏名等、②事業概況報告事項を代表して提供する法人以外の法人の名称、本店等所在地、法人番号、代表者の氏名等、とされています。

　また、国別報告事項と同様に、直前の最終親会計年度の連結総収入金額が1,000億円未満の多国籍企業グループに対しては、事業概

況報告事項の提供義務は免除されています。

　事業概況報告事項についても、正当な理由なくその提出期限までに税務署長に提供しなかった場合には、30万円以下の罰金が科されます（措法66の4の5③）。

　事業概況報告事項の使用言語は日本語又は英語となっていますが（措規22の10の5②）、英語で提供された場合には、必要に応じ日本語訳の提出を求められる場合があります。事業概況報告事項に関する規定は、平成28年4月1日以後に開始する最終親会計年度から適用されます。

1　事業概況報告事項（マスターファイル）とは具体的に何か

事業概況報告事項は租税特別措置法施行規則（措規22の10の5①）に次のとおり規定されています。

① 特定多国籍企業グループの構成会社等の名称及び本店又は主たる事務所の所在地並びに当該構成会社等の間の関係を系統的に示した図

② 特定多国籍企業グループの構成会社等の事業等の概況として次に掲げる事項

　イ 特定多国籍企業グループの構成会社等の売上、収入その他の収益の重要な源泉

　ロ 特定多国籍企業グループの主要な5種類の商品若しくは製品又は役務の販売又は提供に係るサプライ・チェーン（消費者に至るまでの一連の流通プロセスをいう。ハにおいて同じです）の概要及び当該商品若しくは製品又は役務の販売又は提供に関する地理的な市場の概要

　ハ 特定多国籍企業グループの商品若しくは製品又は役務の販売又は提供に係る売上金額、収入金額その他の収益の額の合計額のうちに当該合計額を商品若しくは製品又は役務の種類ごとに区分した金額の占める割合が100分の5を超える場合における当該超えることとなる商品若しくは製品又は役務の販売又は提供に係るサプライ・チェーンの概要及び当該商品若しくは製品又は役務の販売又は提供に関する地理的な市場の概要（ロに掲げる事項を除きます）

　ニ 特定多国籍企業グループの構成会社等の間で行われる役務の提供（研究開発に係るものを除きます）に関する重要な取決めの一覧表及び当該取決めの概要（当該役務の提供に係る対価の額の設定の方針の概要、当該役務の提供に係る費用の額の負担の方針の

　　概要及び当該役務の提供が行われる主要な拠点の機能の概要を含
　　みます）

　ホ　特定多国籍企業グループの構成会社等が付加価値の創出におい
　　て果たす主たる機能、負担する重要なリスク（為替相場の変動、
　　市場金利の変動、経済事情の変化その他の要因による利益又は損
　　失の増加又は減少の生ずるおそれをいいます）、使用する重要な
　　資産その他当該構成会社等が付加価値の創出において果たす主要
　　な役割の概要

　ヘ　特定多国籍企業グループの構成会社等に係る事業上の重要な合
　　併、分割、事業の譲渡その他の行為の概要

③　特定多国籍企業グループの無形固定資産その他の無形資産（以下
　⑦までにおいて「無形資産」といいます）の研究開発、所有及び使
　用に関する包括的な戦略の概要並びに当該無形資産の研究開発の用
　に供する主要な施設の所在地及び当該研究開発を管理する場所の所
　在地

④　特定多国籍企業グループの構成会社等の間で行われる取引におい
　て使用される重要な無形資産の一覧表及び当該無形資産を所有する
　当該構成会社等の一覧表

⑤　特定多国籍企業グループの構成会社等の間の無形資産の研究開発
　に要する費用の額の負担に関する重要な取決めの一覧表、当該無形
　資産の主要な研究開発に係る役務の提供に関する重要な取決めの一
　覧表、当該無形資産の使用の許諾に関する重要な取決めの一覧表そ
　の他当該構成会社等の間の無形資産に関する重要な取決めの一覧表

⑥　特定多国籍企業グループの構成会社等の間の研究開発及び無形資
　産に関連する取引に係る対価の額の設定の方針の概要

⑦　特定多国籍企業グループの構成会社等の間で行われた重要な無形
　資産（当該無形資産の持分を含みます）の移転に関係する当該構成
　会社等の名称及び本店又は主たる事務所の所在地並びに当該移転に
　係る無形資産の内容及び対価の額その他当該構成会社等の間で行わ
　れた当該移転の概要

⑧　特定多国籍企業グループの構成会社等の資金の調達方法の概要
（当該特定多国籍企業グループの構成会社等以外の者からの資金の
調達に関する重要な取決めの概要を含みます）

⑨　特定多国籍企業グループの構成会社等のうち当該特定多国籍企業
グループに係る中心的な金融機能を果たすものの名称及び本店又は
主たる事務所の所在地（当該構成会社等が設立に当たって準拠した
法令を制定した国又は地域の名称及び当該構成会社等の事業が管理
され、かつ、支配されている場所の所在する国又は地域の名称を含
みます）

⑩　特定多国籍企業グループの構成会社等の間で行われる資金の貸借
に係る対価の額の設定の方針の概要

⑪　特定多国籍企業グループの連結財務諸表（連結財務諸表がない場
合には、特定多国籍企業グループの財産及び損益の状況を明らかに
した書類）に記載された損益及び財産の状況

⑫　特定多国籍企業グループの居住地国を異にする構成会社等の間で
行われる取引に係る対価の額とすべき額の算定の方法その他当該構
成会社等の間の所得の配分に関する事項につき当該特定多国籍企業
グループの一の構成会社等の居住地国の権限ある当局のみによる確
認がある場合における当該確認の概要

⑬　①から⑫の事項について参考となるべき事項

　マスターファイルは多国籍企業グループのメンバー全体に共通する基
本情報を提供するものです。OECD移転価格ガイドラインではマスター
ファイルについて次のように記述しています。
　「税務当局が重要な移転価格リスクを評価するための手助けとなるよ
う、マスターファイルに、多国籍（企業）グループの事業概要（グロー
バルな事業展開の状況、包括的な移転価格ポリシー、所得や経済活動の
グローバルな配分・配置を含む）を記載すべきである。（中略）詳細で
網羅的な羅列（中略）を意図しているわけではない。そのような情報は、
必要以上に負担となり、マスターファイルの目的とそぐわないからであ

る。」

　わが国のマスターファイルの規定も上記のように「概要」とされているのはこの趣旨です。

相互協議及び対応的調整

(1) 相互協議

　法人が、わが国の税務当局から移転価格税制の適用を受け、実際の取引価格と異なる価格（独立企業間価格）で課税処分を受けた場合には、外国に所在する取引の相手企業は、実際の取引価格を基礎として課税所得の計算をして申告していることから、企業グループ全体としては、同一の所得に対して二重に課税されているという問題が発生します（経済的二重課税）。

　このような二重課税を排除するために、納税者の申立てに基づき国内的救済措置とは別にわが国の権限ある当局が租税条約に基づいて相手国の権限ある当局と協議を行うことを「相互協議」と呼んでいます（相手国で移転価格課税が行われた場合も同様の手続きを採ります）。

　この協議において合意に達した場合（納税者の同意が前提）には、わが国における移転価格課税所得金額のうち合意された金額に相当する金額について相手国の税務当局が自国の納税者である取引の相手企業の所得を減額し税額を還付することになります（経済的二重課税の解消）。これを「対応的調整」と呼んでいます。相互協議に

おいてわが国の税務当局の課税金額を下回った金額で合意したとき
は、わが国の課税当局は職権により当初課税所得金額と合意された
金額の差額を減額更正します。

　わが国で移転価格課税を受けて相互協議の申立てを行った件数は
不明ですが、わが国又は相手国において移転価格課税を受けて相互
協議の申立てを行った件数及び相互協議で処理された件数の推移は
169頁の図「移転価格課税事案の相互協議の状況」のとおりです。

　わが国における移転価格課税の件数（136頁の表「移転価格課税
件数・金額の推移」）と相互協議の申立件数（移転価格課税事案の
相互協議の状況）を示した両表を比較しますと、その件数には大き
な開きがあります（当表には相手国において行われた移転価格課税
事業の相互協議件数も含まれている等のため、正確な比較はできま
せんが、2019事務年度のわが国での課税件数は212件、相互協議申
立件数は44件となっています）。移転価格課税を受けても相互協議
の申立てをしない納税者が多いことが推定されます。国際課税問題
は国際的ルール（租税条約に規定されているルール）にしたがって
解決すべきであり、また相互協議にはそれ程のコストがかかりませ
んので、移転価格課税を受けた場合には二重課税排除のために、是
非相互協議を活用されることをお勧めします。

　なお、租税条約の相手国等の法令に基づき、内国法人等の国外事
業所等に係る所得につき更正又は決定に相当する処分があった場合
において、その所得金額につき相手国等との租税条約に基づく合意
が行われたことにより、内国法人等の国外所得金額（外国税額控除

の控除限度額の計算の基礎となる国外所得金額をいい、国外事業所等に係るものに限ります。）のうちに増額されるものがあり、かつ、その国外所得金額が増額されることによって外国税額の控除額の増加を通じて内国法人等の法人税の額若しくは地方法人税の額又は所得税の額のうちに減額されるものがあるときには、内国法人等の更正の請求に基づき、税務署長は、その合意をした内容を基に計算される内国法人等の国外所得金額を基礎として、更正をすることができることとされています（実施特例法7②）。

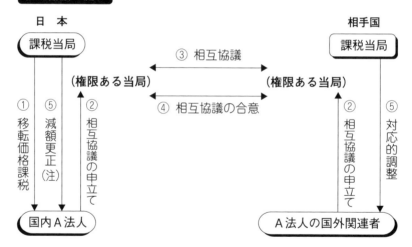

(注)　相互協議において、わが国の課税を一部減額する合意がなされた場合には、その部分について わが国でも減額更正がなされます。

新租税条約等実施特例法第７条第２項のイメージ

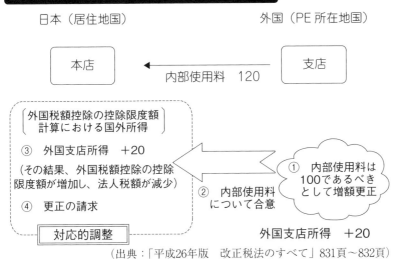

日本（居住地国）　　　　　　　　　外国（PE所在地国）

本店　　←　内部使用料　120　　　支店

外国税額控除の控除限度額
計算における国外所得

③　外国支店所得　＋20

（その結果、外国税額控除の控除
限度額が増加し、法人税額が減少）

④　更正の請求

対応的調整

② 内部使用料
について合意

① 内部使用料は
100であるべき
として増額更正

外国支店所得　＋20

（出典：「平成26年版　改正税法のすべて」831頁〜832頁）

移転価格課税事案の相互協議の状況

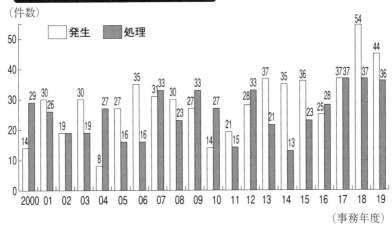

（件数）

□発生　■処理

事務年度	発生	処理
2000	14	29
01	30	26
02	19	19
03	30	19
04	8	27
05	27	16
06	35	16
07	31	33
08	30	23
09	27	33
10	14	27
11	21	15
12	28	33
13	37	21
14	35	13
15	36	23
16	25	28
17	37	37
18	54	37
19	44	36

（事務年度）

（出典：国税庁公表資料）

(注) 1　発生件数は、納税者からの相互協議の申立て又は相手国税務当局から
の相互協議の申入れがあった件数です。
2　処理件数とは、相手国税務当局との合意、納税者による相互協議申立
ての取下げ等により相互協議が終了した件数です。

(1) 相互協議

Keyword：相互協議の申立ての要件

　相互協議の申立てができるのは、「租税条約に適合しない課税」が行われた場合です。したがって租税条約に適合しない課税が行われた場合であることから、必ずしも税金を実際に納付している状態での二重課税が発生している必要はありません。たとえば、移転価格課税が行われたが、繰越欠損金があるために納税額が生じていない場合、あるいは優遇税制を受け税が免除されている場合などは二重課税が発生していないといえますが、そのような場合であっても相互協議の申立てができます。前者の繰越欠損金の場合には将来年度への繰越欠損金が減少することから、実質的には二重課税が発生しているといえます。

Keyword：納税者の同意

　相互協議が行われ、仮合意にいたりますと、権限ある当局から、当該仮合意案に対して、納税者として同意できるか否か打診されます（相互協議手続2の16）。納税者が同意する意向を示しますと権限ある当局は本合意に進むこととなります。なぜ、納税者の同意が求められるかですが、権限ある当局が合意しても納税者が同意しなければ、納税者は国内救済手段に移行する権利がありますので、その場合には権限ある当局の合意は意味を持たなくなります。納税者が同意すれば納税者は国内救済手段には移行しない意思を示したことになりますので、二重課税の唯一の解決手段として相互協議の合意が意味を持つことになります。このような意味から、権限ある当局は、本合意の前に納税者の同意を求めています。

Keyword：国内的救済措置を選択し当該結果が出た後の相互協議

　移転価格課税に対して、再調査の請求、審査請求を行い、決定、裁決を受けた後に、相互協議を開始することも可能です（相互協議申立ての期間制限に注意が必要です）。決定及び裁決は、わが国の法令上は、相互協議を拘束することはありませんので、場合によっては、決定、裁決された課税金額以下で合意される可能性があります。

　なお、米国のように裁決や判決が相互協議を拘束している国もありますので注意が必要です。

Keyword：相互協議と国内的救済措置の関係(1)

　移転価格課税を受けた場合、課税自体を争うときは国内的救済措置を選択することになると思いますが、課税処分が全部取り消されない限り二重課税が残り、訴訟まで進むと公開され長期間を要することになります。一方、相互協議を選択する場合には、合意されれば二重課税は排除され、非公開で訴訟ほど期間はかかりません。それぞれのメリット、デメリットを考慮して選択する必要があります。

　なお、法人が租税条約を締結していない国等に所在する国外関連者との間の国外関連取引について移転価格課税を受けた場合には、相互協議の道はありませんので課税に不服があるときには国内的救済措置を採ることとなります。

Keyword：相互協議と国内的救済措置の関係(2)

　移転価格課税を受けた場合には、相互協議の申立てとは別に国内的救済措置（不服申立て等）を採ることができます。通常、国内的救済措置の権利を確保するために、相互協議の申立てを行うと同時に再調査の請求を行い、相互協議を優先したい場合には、再調査の中断の申出をします。相互協議が不合意になった場合には、国内的救済措置に移行することとなります。

　前記「Ⅱ　特殊の関係」の**参考 1** で記載した武田薬品工業(株)の事案では、相互協議では合意に至らずに不服申立を行い、裁決によって全面的に課税処分取消しがなされています。

━━━━━━━━━━━◆━━◆ 重要事項解説 ◆━━◆━━━━━━━━━━━

1 租税条約に対応的調整規定がない場合でも相互協議の申立てができるか

　租税条約によっては、特殊関連者企業条項（独立企業原則を定めている条項）に対応的調整をうたっていない条約（旧日米租税条約には対応する調整規定はありませんでした）があります。そのような場合に、相互協議の申立てができるか否かの問題があります。この点に関して、平成8年3月28日東京高裁判決（平成10年1月27日最高裁棄却）の内容を見てみると、控訴人の「日米租税条約25条1項（旧条約）は、居住者に「この条約に適合しない課税を受け又は受けるに至る」場合に申立権を認めているところ、同条約11条は一方当事国がその居住者に対して移転価格課税を適用して課税することを認めながら、他方当事国にその対応的措置を採ることを義務付ける規定を設けていないから、結局、同条約は、法的二重課税を生ずる場合はともかく、経済的二重課税を生ずるに過ぎない場合には、他方当事国が対応的措置を講じない場合でも、これを条約違反とはせず、したがって、その居住者にとって対応的措置をしないまま関連者に移転価格課税が適用されても、これをもって「この条約に適合しない課税」とはしていないものと解さざるをえないから、被控訴人日産及びトヨタには25条1項に基づく申立権はなく、右被控訴人らの申立てに基づいてした本件日米合意は、条約上の根拠を欠くものである」との主張に対して、「日米租税条約11条（旧条約）は、いわゆる移転価格税制を採ることを認めている。しかし、国際的取引において、一方当事国が移転価格税制を適用して課税すれば、それに伴って他方当事国の関連者に多くの場合、経済的二重課税の問題を必然的に生ずるのに、他方当事国に対して対応的措置を義務付けた規定はない。したがって、一方の当事国が移転価格税制による課税をした場合に、他方の当事国がその関連者に対して対応的措置を採らなかったからといって、直ちに条約違反となるものでないことは明らかである。しかし、日米租税条

約が、国際間の二重課税の回避を主たる目的として締結されたことを考えると、移転価格税制の規定を設けながら、その適用によって他方当事国の関連者に生ずる国際的、経済的二重課税の問題について、これを放置していたと解するのは常識的でなく、対応的措置については第25条の協議に委ね、合意が可能な限りにおいて、経済的二重課税の回避を図ろうとしているものと解するのが相当である。このことは、日米租税条約と同様に、対応的措置の義務付けについての規定を有しないOECDの昭和52年度改正前のモデル条約の解釈として、OECD租税委員会が、昭和59年の報告書で「モデル条約第9条第2項に相当する条項がない場合であっても、第1項に相当する条項の存在は、経済的二重課税を条約の対象に含めようとする締結国の意図を示している。従って、移転価格の調整によって生ずる経済的二重課税は、少なくとも租税条約の精神に反するものであることから、モデル条約第25条第1項及び第2項の相互協議手続の対象となり得る」との見解を示していることからも裏付けられるところである」と判示しています。

　以上のことから、わが国においては、租税条約に対応的措置の規定がなくても相互協議の申立てができると解されています。

2　相互協議の申立てができる時期

　相互協議の申立ては、移転価格課税を受け、又は受けるにいたると認められる場合とされており、必ずしも移転価格課税処分後である必要はありません。わが国で移転価格課税が行われることが明確になったとき、あるいは相手国において移転価格課税が行われることが明確になったときには国税庁相互協議室と相談されることをお勧めします。

3　相互協議の期間制限

　相互協議の申立てに期間制限を設けている租税条約が多いので注意が必要です。

　申立ての期間制限は、条約に適合しない課税に係る措置の最初の通知

の日から起算されます。

　OECD モデル租税条約第25条では相互協議の申立てはこの条約の規定に適合しない課税に係る措置の最初の通知の日から 3 年以内にしなければならないとしています。

4 相互協議において必ず合意されるのか

　相互協議において、協議を行う権限ある当局（わが国では国税庁相互協議室）は、合意する努力義務はありますが、合意義務はありません。したがって、両当局が納得しない場合には、不合意となる場合があります。現実に、わが国における移転価格課税事案に関して不合意になった事案があります。不合意になったときは、基本的に国内的救済措置に移行しています。また、相手国における移転価格課税事案に関しても不合意になった事案もあります。

5 部分合意

　相互協議における合意の形態については、租税条約にも国内法にも規定されていませんが、基本的には完全な意見の一致をみる合意ということであると考えられます。しかしながら、移転価格税制のように、各国の制度、執行及び考え方が細部について異なり、かつ、国際的なルールも OECD 移転価格ガイドラインにとどまるような分野においては、両国の課税当局の意見が完全に一致する合意のみが合意とされるとした場合には、不合理な結果を招くケースも生じるとも考えられます。たとえば、移転価格課税における独立企業間価格について、相手国の主張に90％合意できるが残りの10％につき主張に開きがあるといったケースも生じ得ます。このような場合に10％の開きを埋めないと合意が成立しないとすると、両当局がともに妥当と考えている90％の部分についても二重課税が排除又は回避されないこととなります。

　そこで「完全に意見の一致が得られないとしても、両権限ある当局がともに受け入れ可能と考えている部分については二重課税の排除又は回

避はできないか」という疑問がでてくると思います。これが「部分合意」の問題です。この部分合意については、これが安易に認められることは、相互協議条項が目的とする「条約に適合しない課税」が排除又は回避されたのかという問題を発生させ、さらには、両権限ある当局や納税者において、条約に適合しない課税を排除又は回避しようとする姿勢、努力義務にも影響を与えることになりかねないことから、慎重に取り扱われるべきであろうと考えます。

　仮に、部分合意を認めるのであれば、具体的運用基準を確立するなど、独立企業間価格につき完全に一致するための権限ある当局の努力の場が、部分合意の運用により単なる妥協の場と化すことのないような措置を講じる必要があると思います。

　2010年6月付㈱商船三井に対するわが国の移転価格課税について、米国の権限ある当局との相互協議が行われ2013年2月に合意されたとの情報が公開されています。当情報によると「日米相互協議が移転価格課税処分については当初の課税所得の約75％相当を日米で減額する旨、正式合意したとの通知を2013年2月4日に国税庁より受領しました。移転価格課税部分について、二重課税を一部残す当該合意は誠に遺憾であり、本来二重課税は完全に排除されるべきとの考えではありますが、今期に過去納付した税額の一部が日米で確実に還付されるというメリットを考慮し、当社は当該合意を受け入れる判断を行いました」と75％相当部分の合意に疑問を示されています。当該合意の詳細な内容は不明ですが、当該合意が上記で述べた部分合意である場合には、「部分合意であっても条約に適合しない課税を排除又は回避するという合意の趣旨に反していない」との理論付けが必要ではないかと考えます。

6　納税の猶予制度

　わが国で移転価格課税を受け、相互協議の申立てを行った場合は、相互協議の結論が出るまでの間を対象として「納税の猶予申告書」を提出することにより国税及び地方税の更正決定により納付すべき法人税の額

と加算税の額について納税の猶予制度を利用できます。納税の猶予期間は延滞税が免除されます。なお、納税の猶予を受けるためには担保の提供が必要となります（措法66の4の2、66の4の3⑭、67の18⑬）。

参考1 移転価格調査を受けて修正申告した場合

　納税者が移転価格調査を受けて修正申告をした場合に、相互協議の申立てが可能であるか否か等については、「一方の又は双方の締約国の措置によりこの条約に適合しない課税を受けた場合に」相互協議の申立てができることになっていますので、更正等の「措置」がなく、修正申告した場合には、基本的には申立てができないと思われます。仮に相互協議の申立ては受け入れられたとしても納税者が課税当局の調整額に同意したわけですので、わが国の権限ある当局は当該調整額を減額することはできないと考えられることから、相手国の権限ある当局との合意の成立は困難であると考えられます。

　また、わが国で修正申告をした場合に、相互協議の相手国が相互協議の申立てを受けないリスクもあります。

　しかし、わが国は、「相互協議の手続について」の第2の3（相互協議の申立てができる場合）(1)を改正して「相手国等において修正申告書の提出に相当する行為を行うことにより生ずる二重課税の排除を目的として、相互協議の申立てを行うことができる」としています。

参考2 相互協議に要する期間

　令和元事務年度における相互協議の処理に係る期間は、平均すると1件当たり29.4ヶ月となっています。そのうち事前確認に係る相互協議事案の処理に係る期間は、1件当たり30.7ヶ月となっています。

参考3 訴訟を選択した移転価格課税事案

1　今治造船事案

　今治造船事案は、パナマに所在する国外関連者との船舶の建造請負取

引が移転価格調査の対象となり、内部取引を比較対象取引として独立価格比準法を使用した事案です。高松不服審判所において、当初の課税について差異の調整が行われましたが（高松国税不服審判所平成11年7月5日一部取消裁決）、納税者は松山地裁（平成16年4月14日松山地裁判決）、高松高裁（平成18年10月13日高松高裁判決）を経て最高裁まで進みました。最高裁は高松高裁の判決を支持して上告及び上告受理申立不受理の決定をしました（平成19年4月10日最高裁決定）。主要な論点としては、①船舶の建造請負はテーラーメイド的な要素が強く個別性の高い取引であることから比較対象取引が存在することを前提とした独立価格比準法の使用は出来ないこと、②事業戦略等存在する差異について全て調整する必要があること、③独立企業間価格には「幅」が考慮されなくてはならないこと、を挙げることができます。裁判所は、①については、個別性の強い取引ではあるが、国際的な船舶建造請負取引には取引相場が存在しており、一定の価格水準を認識できることから独立価格比準法を適用しても不合理ではない、②については、価格に客観的に影響を及ぼすことが明らかなものに限って差異の調整を行えばよく全ての差異を調整する必要はない、③については、比較可能性を同等に認められる比較対象取引が複数存在する事情がない、等を論拠として課税当局の更正処分に違法はないと判示しています。

　この事案は、国外関連者が所在する国との間に租税条約が存在しないことから訴訟を提起して二重課税の排除を求めたものです。

2　日本圧着端子事案

　日本圧着端子事案は、シンガポールと香港に所在する国外関連者との圧着端子、コネクター等の取引が移転価格調査の対象となり、内部取引を比較対象取引として原価基準法を使用した事案です。大阪不服審判所において、当初の課税について一部取り消しが行われましたが（平成16年7月5日一部取消裁決）、納税者は大阪地裁に提訴しました。主要な論点は、市場の差異、販売数量の差異、取引段階の差異等の差異の調整が必要であるか否かです。大阪地裁は、「通常の利益率に何らかの影響を与え得る差異が存在することは、それが取引態様等から客観的に明ら

かでない限り、通常これを裏付けるに足りる証拠を容易に提出し得る地位にある原告において具体的に立証すべきであり、原告がこの点についてなんら説得的に立証を行わない場合には、そのこと自体から、そのような差異が存在しないことを推認し得るものというべきである」等を論拠として課税当局の更正処分に違法はないと判示しています（平成20年7月11日大阪地裁判決）。控訴した大阪高裁は大阪地裁の判決を維持しました（平成22年1月27日大阪高裁判決）。

　この事案は、当時租税条約が存在しなかった香港を含んでいたことなどから訴訟を提起して二重課税の排除を求めたものと考えられます。

3　タイバーツ貸付金利事案

　タイバーツ貸付金利事案は、タイに所在する国外関連者とのタイバーツ建の貸付取引が移転価格調査の対象となり、タイバーツのスワップレートにスプレッドを加えた、現実に存在しない取引を比較対象取引として独立価格比準法に準ずる方法と同等の方法を使用した事案です。納税者は、東京不服審判所の棄却裁決（東京国税不服審判所平成15年7月9日裁決）を受けて、東京地裁に提訴しました。主要な論点は、実在しない比較対象取引を使用して独立価格比準法に準ずる方法と同等の方法を使用することができるか否かです。東京地裁は、比較対象取引として実在しない場合でも、市場価格等の客観的かつ現実的な指標により国外関連取引と比較可能な取引を想定することができるときは、そのような仮想取引を比較対象取引として独立企業間価格を算定することも許容されるとの考え方を論拠として課税当局の更正処分に違法はないと判示しました（平成18年10月26日東京地裁判決）。

　当時、タイでは移転価格税制を導入した段階であり、相互協議を行っても実効ある協議ができないのではないかとの考え方などから訴訟を提起して二重課税の排除を求めたものと考えられます。

4　アドビ事案

　アドビシステムズ（株）（以下、「アドビ」といいます）とケイマンLimited Partnership（以下、「ケイマンLP」といいます）及びアイルランド法人との販売促進、マーケティング支援等の役務提供取引が移転価

格調査の対象となりました。受注販売方式の仕入販売取引を比較対象取引として再販売価格基準法に準ずる方法と同等の方法を適用した事案です。主要な論点は、受注販売方式の仕入販売取引と本件の国外関連取引との間に同一性ないし類似性があるか否かです。納税者は、東京国税不服審判所の全部棄却の裁決（平成17年12月9日裁決）を経て、東京地裁に提訴しました。東京地裁は課税当局の独立企業間価格算定方法を認めましたが（平成19年12月7日東京地裁判決）、東京高裁では、比較対象取引として用いられている受注販売方式の仕入取引と、国外関連取引である本件役務提供取引とは、機能・リスクの面で大きく異なっている。機能・リスクについて同一性ないし類似性が認められないので、課税に用いられた方法は、法令の定める再販売価格基準法に準ずる方法と同等の方法には当らないとして、課税当局の更正処分を取消しました（平成20年10月30日東京高裁判決）。

　国外関連取引がアドビとケイマン LP の子会社であるオランダ法人のシンガポール支店、及びアイルランド法人のシンガポール支店との間で行われており、相互協議が円滑に機能することが期待できなかったことなどから訴訟を提起して二重課税の排除を求めたものと考えられます。

5　エクアドル・バナナ事案

　平成24年4月27日東京地裁判決は、寄与度利益分割法を適用して更正処分が争われた最初のケースです。争点は主に①寄与度利益分割法を用いたことの違法性、②営業損失を分割対象利益としたことの違法性及び③分割要因として販管費を用いたことの違法性でした。裁判所の判断は、①については、基本三法のいずれも用いることができないと認められるから、寄与度利益分割法を用いたことは適法であり（基本三法が優先適用される旧税制）、②は、営業損失は日本市場の特殊要因から生じたものであって、本件国外関連取引に係る対価の設定とは無関係であるから、これを分割対象利益から除外すべきことは、法令上の根拠を欠くもので適法であり、③は、販管費は、所得の発生に寄与した程度を推測するに足る要因に当たり、何ら違法な点はないとされました。さらに、「（税法は）分割要因について、法人又は国外関連者が「当該所得の発生に寄与

した程度を推測するに足りる要因」と規定しており、「当該所得の発生に寄与した要因」とは規定していないことからすれば……（中略）……分割要因と分割対象利益との間に……（中略）……定性的関係、すなわち、分割要因が分割対象利益の発生の主要な原因であるというような直接的な因果関係や分割要因が増加すれば分割対象利益が増加するというような比例関係が存在することまでも要求していると解することはできない。そうすると、分割要因は、当該国外関連取引の内容に応じ、各当事者が果たす機能を分析し、各当事者が分割対象利益の発生に寄与した相対的な程度を推測するに足りると認められる要因を選定すべきであり、かつ、それで足りると解すべきである」と、分割要因の選定基準を判示しています（平成25年3月28日東京高裁判決（棄却））。

　この事案は、国外関連者が存在する国との間に租税条約が存在しないことから訴訟を提起して二重課税の排除を求めたものと考えられます。

6　本田技研工業事案

　本田技研工業株式会社が、間接子会社であり、ブラジル連邦共和国アマゾナス州に設置されたマナウス自由貿易地域（マナウスフリーゾーン）で自動二輪車の製造及び販売事業を行っている Moto　Honda　Da Amazonia Ltda 及びその子会社（以下 HDA 社と併せて「HDA 社等」といいます）との間で自動二輪車の部品等の販売及び技術支援の役務提供取引（以下「本件国外関連取引」といいます）を行い、それにより支払を受けた対価の額を収益の額に算入して、平成10年3月期から平成15年3月期までの法人税の確定申告をしたところ、東京国税局から、上記の支払を受けた対価の額が租税特別措置法第66条の4第2項、租税特別措置法施行令第39条の12第8項に定めた方法により算定した独立企業間価格に満たないことを理由に、租税特別措置法第66条の4第1項の移転価格税制の規定により、本件国外関連取引が独立企業間価格で行われたものとみなし、各事業年度の所得金額に独立企業間価格と本件国外関連取引の対価の額との差額を加算すべきであるとして、更正処分及び過少申告加算税賦課決定を受けたため、東京国税局による独立企業間価格の算定は違法であるとし、課税処分の取消しを求めた事案です。

　東京国税局は、本件事案において、残余利益分割法を適用し（平成23年度の改正前は、法令上は利益分割法として一括りで規定されており、残余利益分割法は明記されていませんでした）、基本的利益の算定と残余利益の分割を行いました。東京地裁は、残余利益分割法の適用は合法的であるとした上で、「基本的利益の算定については、比較対象法人が事業活動を行う市場と検証対象法人が事業活動を行う市場とが類似するものであることが必要である。マナウス税恩典利益は、それを享受する法人の輸入税及び商品流通サービス税の負担を軽減し、その売上原価を低減させることなどにより、法人の利益を増加させる性質を有している。検証対象法人がマナウスフリーゾーンで事業活動を行いマナウス税恩典を享受している場合には、検証対象法人と同様にマナウス税恩典利益を享受している法人を比較対象法人として選定するのでなければ、比較対象法人が事業活動を行う市場と検証対象法人が事業活動を行う市場と類似するものであるということはできない。処分行政庁がHDA社等の比較対象法人として選定したブラジル側比較対象企業は、いずれもマナウスフリーゾーン外のサンパウロ州ほかのブラジル南部の工業地域で事業活動を行い、マナウス税恩典を享受していないのであるから、ブラジル側比較対象企業はHDA社等との比較可能性を有するものではない。処分行政庁が、上記の差異につき何らの調整を行わずブラジル側基本的利益を算定した上、本件独立企業間価格を算定したことには誤りがある。」として原処分の全部を取り消しました（平成26年8月28日東京地裁判決
　原告の請求全部認容、法人税68億7,963万4,291円、過少申告加算税6億8,793万1,000円の合計75億6,756万5,291円を取り消しました）。この判決に対し、国は控訴しましたが、平成27年5月13日、東京高裁判決では地裁判決を支持し、国側の控訴を棄却しました。

参考4 | 国内的救済措置と相互協議の関係

更正処分後

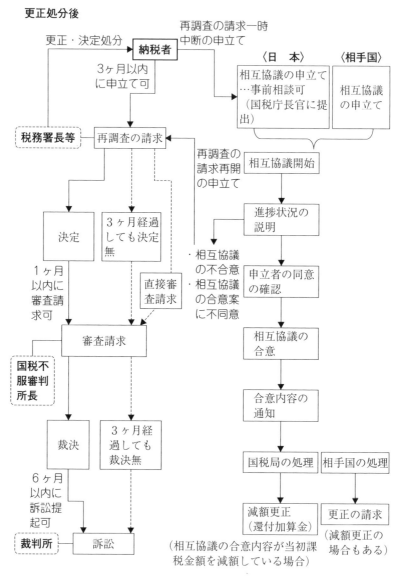

（注） 直接審査請求と再調査の請求とが選択できます。

(2)　対応的調整

　相互協議で合意にいたると、対応的調整が行われます。

　たとえば、わが国で50億円の移転価格課税が行われ、相手国との相互協議の結果、わが国と相手国の権限ある当局がこの移転価格課税について30億円で合意すると、わが国では当初の50億円の移転価格課税を過大として30億円に見直すため20億円の減額更正（職権更正）、相手国では30億円の減額更正（対応的調整）が行われます。逆に、相手国で50億円の移転価格課税が行われ、わが国との相互協議において30億円で合意すると、わが国では相手国で行われた移転価格課税について30億円が容認できるとされたことから、法人は当初申告所得から30億円減額する更正の請求を行い、相手国では当初の50億円の移転価格課税から20億円の減額更正（対応的調整）が行われます。

わが国で移転価格課税を受けて相互協議と対応的調整が行われる場合

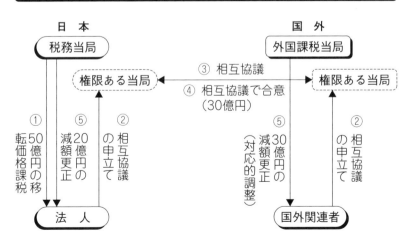

Keyword：租税条約と対応的調整

　わが国が締結している租税条約（租税に関する情報交換を主たる目的とした協定を除きます）にはすべて『相互協議』規定がありますが、対応的調整規定がない租税条約があったり、租税条約に対応的調整規定があっても相手国の国内法が整備されておらず対応的調整に消極的な国もあることから、相手国において対応的調整が実際に機能し二重課税が解消されるか、については注意が必要です。特に、ブラジルは特殊な移転価格税制を有することなどから相互協議が機能せず二重課税は排除されないことから注意が必要です。

Keyword：対応的調整

　対応的調整の方法としては、条約相手国において増加された所得の金額と同一の額をわが国の法人の所得の金額から減算する「所得調整」による方法と、条約相手国において増加された税額と同一の額をわが国の法人の税額から減算する「税額控除」による方法の二つが考えられます。わが国の場合は前者の所得の金額による調整の方法が採用されています。

　次に減額すべきはいつの課税年度の所得かという問題があります。この点については、条約相手国で課税の対象とされた課税年度に該当するわが国企業の課税年度において行う「遡及年度調整」が採用されています（わが国の企業の課税年度と外国の関連者の事業年度にずれがある場合には適宜調整の必要があります）。所得調整の方法としては、遡及年度調整のほかにも、わが国の企業の進行年度において行う方法もありますが、わが国では遡及年度調整（更正の請求）が採用されています。進行年度調整は事務処理の簡素化等の点からは好ましいと思われますが、課税対象年度と進行課税年度の税率等に差異が発生する場合もあることから原則的な方法とすることは適当でなく、また、諸外国の取扱いとも平仄を合わせる必要があり、遡及年度調整が採用されています（実施特例法7①）。相互協議は租税条約に基づき相手国の権限ある当局との間で行われることから当該相互協議による合意が正確に遡及年度調整とならない場合も許容される場合があると考えられますが、わが国の法制上は遡及年度調整（更正の請求）を採用していることに留意が必要です。

Keyword：職権更正と更正の請求

　わが国で移転価格課税が行われ、当初の更正金額よりも少ない金額で相互協議において合意した場合には、わが国では職権による減額更正が行われます（通法71）。相手国で移転価格課税が行われ、相互協議が合意した場合には、合意した金額について、納税者からの更正の請求に基づいて減額更正が行われます（実施特例法7①、通法23①②）。

Keyword：還付加算金

　わが国で移転価格課税が行われ、当初の更正金額よりも少ない金額で合意した場合には、職権による減額更正が行われ当初の更正に対し本税等を納付済みの場合は、少なくなった金額に対して還付加算金（7.3％ですが、措法95により特例基準割合とされています）が付されます（通法58①一）。相手国で移転価格課税が行われ、合意に基づいて更正の請求をした場合には、更正の請求があった日の翌日から3月を経過する日と更正があった日の翌日から1月を経過する日のいずれか早い日までは還付加算金は付されません（実施特例法7①、通法58①二）。

重要事項解説

7 移転所得の返還等はしなくてもよいのか

　わが国の税法上、移転価格の問題は基本的に税法上における所得計算の事項として整理されています。したがって、国外に移転している所得について、移転している所得に相当する資金の取戻しは求められていません。対応的調整は租税条約に基づく合意により経済的二重課税を排除するために税務上の調整のみを行うものであり、当事者間の私法上の権利・義務には影響を与えず、当初の取引価格の修正を伴う移転所得の返還等は求められていません。

　なお、国外移転所得金額の返還等を求める場合には、移転価格の調整とは異なる別の取引が行われたとみなされることから、基本的には返還を受ける場合は新たな所得の発生となり、返還する場合には新たな所得の減算となります。しかしながら、すでに、対応的調整によって所得金額の加減算が行われていることから、資金の受払いに伴う二重の課税関係を避けるために、返還を受ける場合には「国外移転所得金額の返還に関する届出書」（別紙様式１）を、返還等をする場合には、「対応的調整に伴う返還に関する届出書」（別紙様式７）を税務当局に提出することにより、新たな課税関係を発生させないこととしています（所得の返還を受ける場合には資金の収受に伴う会計上の収益計上に対し別表四による減算、所得の返還をする場合は資金の支払いに伴う会計上の費用計上に対し別表四による加算を行います。）（措通66の４(10)－１～２、66の４(11)－２、66の４の３(10)－１～２、事務運営要領５－１～５－３）。

　国によっては、移転所得の返還等を求め、返還等しなかった場合には、みなし配当等として新たな課税を発生させる国があることから注意が必要です。

(3) 仲裁規定

租税条約に適合しない課税を受けた納税者は、両締約国の権限ある当局に二重課税を排除するために相互協議の申立てを行うことができますが、両締約国間の移転価格に関する考え方等の相違によって合意に達することが困難な場合があります（租税条約上は権限ある当局に合意する努力義務はありますが、合意に達する義務はありません）。

2008年OECDモデル租税条約（第25条の5）は、このような状況を考慮して、仲裁規定を導入しました。

仲裁規定の趣旨は、租税条約に適合しない課税を受けたことを理由に権限ある当局に相互協議の申立てを行い、かつ、権限ある当局が、事案の申立てのときから、2年以内に解決するための合意を行うことができない場合に、納税者の要請があれば、当該事案の未解決の事項は仲裁に付されなければならないというものです。ただし、未解決の事項に関して、いずれかの国の裁判所又は行政審判所が既に決定を行っている場合、両権限ある当局が、当該事案が仲裁による解決に適しない旨を合意し、申立てをした者に通知した場合等には、これらの事項は仲裁に付託されません。

仲裁手続きに関しては、両税務当局が仲裁人を1名ずつ選定し、選定された仲裁人は1名の議長を選定します（合計で3名）。仲裁人は、国際税務に関する専門知識又は経験を有し、いずれの条約締約国の税務当局の職員であってはならず、申し立てられた事案に関与した者であってはなりません。この3名の仲裁人で構成された仲

裁委員会は決着に向けて話し合いを行います。独立企業原則の適用に関する事項は、OECD 移転価格ガイドラインに配慮して判断されます。

　仲裁のための委員会の決定は、その事案についての申立てをした者が、所定の期間内に当該決定を受け入れた時は、両締約国の権限ある当局の合意による当該事案全体の解決とみなされ、かつ両締約国を拘束します。仲裁のための委員会の決定による解決は、両締約国の国内法上のいかなる期間制限又は手続の制限にもかかわらず、実施されなければなりません。

　日米租税条約に関しては、2013年 1 月25日に「日米租税条約改正議定書」が署名され、国会で2013年 6 月17日に承認され、米議会上院では2019年 7 月17日に批准を承認し発効しています。改正議定書は、租税条約上の税務紛争の解決のため、相互協議手続に仲裁制度を導入しています。

　わが国における具体的な仲裁手続に関して、仲裁の要請は「仲裁要請書」を国税庁相互協議室に提出することにより行い、相互協議室は収受した仲裁要請書及び添付書類の写しを、その収受した翌日から10日以内に相手国等の権限ある当局に送付することになっています（相互協議手続 5 –39）。

　その後、相互協議室は、①仲裁に付託される未解決の事項について決定した場合……仲裁に付託される未解決の事項、②仲裁手続の期間延長が行われた場合……延長の理由及び延長の期間、及び③仲裁決定が行われる前に仲裁手続が終了した場合……当該終了の理由を、わが国の当事者に通知することになっています。また、仲裁の

要請が相手国等の権限ある当局に行われた場合において、相互協議
室が相手国等の権限ある当局から仲裁の要請が行われた旨の通知を
受領したときには、通知を受けた事実及び受領日をわが国の当事者
に通知することになっています（相互協議手続5－40）。

　なお、仲裁要請書の提出後、相互協議の合意の通知を受けるまで
は、仲裁の要請を取り下げることができます。仲裁の要請の取下げ
は、「仲裁要請の取下書」を相互協議室に提出することにより行わ
れ、仲裁の要請の取下げとともに相互協議の申立てを取り下げる場
合には、「相互協議申立ての取下書」を提出すれば足り、「仲裁要請
の取下書」の提出は要しないとしています。相互協議室は、仲裁要
請の取下書の提出を受けた場合には、相手国等の権限ある当局に、
仲裁の要請が取り下げられたために仲裁手続を終了する旨を通知し
ます（相互協議手続5－42）。

　仲裁については、事前に国税庁相互協議室に相談することをお勧
めします（相互協議手続5－38）。

事前確認

(1) 事前確認の概要

　移転価格税制は、何が独立企業間価格であるか極めて専門的・技術的で複雑な問題を含んでいるとともに、その価格決定に恣意が働いているかどうかを問わず、客観的に独立企業間価格であるかどうかを問題とするものであることから、従来の税制ではみられない側面が多く含まれています。このような状況において、わが国は、当税制導入の翌年の昭和62年に移転価格税制の適正・円滑な執行を図るために、『独立企業間価格の算定方法等の確認について』（通達）の発遣によって事前確認を導入しました。その後、平成３年に米国が日本の確認方式に類似する APA（Advance Pricing Agreement）を発表し、OECD 租税委員会も1995年に公表した OECD 移転価格ガイドライン第４章Ｆ（OECD ガイドラインでは、APA：Advance Pricing Arrangement）において認知したことから世界的な広がりをもって採用する国が増加しています。

　事前確認は、移転価格税制が専門的・技術的側面が強く、独立企業間価格の算定方法いかんによっては課税所得に大きく影響することから、事前に、法人と課税当局との間でその算定方法を確認し、

確認内容に沿って申告が行われる限り、国外関連取引は独立企業間価格で行われているとして取り扱うことによって、納税者に法的安定性と予測可能性を与えることを目的としています。

　事前確認は、一国の課税当局だけとの事前確認（Uni–APA）と二国間あるいは多国間との事前確認（Bi–APA 又は Multi–APA）があります。二国間あるいは多国間との事前確認は一国だけでなく取引が行われる相手国との間でも確認されることから納税者の予測可能性の確保及び執行の不確実性の除去は確実に担保されるため安定性に優れています。一国だけとの事前確認は取引の相手国との間の事前確認はありませんが、二国間あるいは多国間事前確認では相手国での審査、相互協議に相当の期間を要すること、一国だけとの事前確認であっても当該国との関係では納税者の予測可能性はある程度確保されるなど、一国だけとの事前確認の締結でも利用価値があります。また、事前確認を導入していない国又は租税条約を締結していない国が相手国であった場合には一国との事前確認も有意義です。また、移転価格リスクが自国との間だけと認められる場合にも効果的です。

　事前確認は、基本的に将来の年度を対象としていますが、確認内容を確認対象年度以前の事業年度（経過事業年度）に適用（ロールバック）することを申し出ることが可能な場合があります。なお、一国（わが国）だけとの事前確認はロールバックは認められていません（事務運営要領 6 –23）。

　事前確認制度の適用に際しては、税務当局に対し事前確認の申出（「独立企業間価格の算定方法等の確認に関する申出書」の提出）を

行う必要があり、二国間あるいは多国間事前確認の場合にはこの事前確認の申出と同時に相手国との相互協議を要請するために相互協議の申立て（「相互協議申立書」の提出）を行う必要があります（事務運営要領6−2、相互協議手続2−3、2−6）。

　事前確認の申出が行われると国税局の審査（独立企業間価格の算定方法等が最も適切な方法であると認められない場合には、申出の修正を求められます）が行われ、わが国の課税当局だけとの事前確認については審査が終了すると審査結果が事前確認申出法人に連絡されます（事務運営要領6−11、6−15(3)）。

　相互協議の申立てを行っている場合には、国税局の審査結果が国税庁相互協議室（権限ある当局）に送付され（相手国においても同様に審査が行われ、その結果が相手国の権限ある当局に報告され）、両国の権限ある当局間で相互協議が開始されます（事務運営要領6−13）。

　平成28年6月28日付けで、「恒久的施設帰属所得に係る所得に関する調査等に係る事務運営要領の制定について（事務運営指針）」（以下、「事務運営指針」といいます）が公表されたことは前述のとおりです。

　事務運営指針では「外国法人の恒久的施設帰属所得に係る所得の金額に関する事前確認」と「内国法人の国外事業所等帰属所得に係る所得の金額に関する事前確認」に区別して事前確認の申出（事務運営指針6−1、7−1）、事前相談（事務運営指針6−9、7−9）、事前確認審査（事務運営指針6−10、7−10）、事前確認の通

知（事務運営指針 6 - 14、7 - 14）、事前確認の効果（事務運営指針 6 - 15、7 - 15）、報告書の提出（事務運営指針 6 - 16、7 - 16）、確認対象事業年度前の各事業年度への準用（事務運営指針 6 - 22、7 - 22）、事前確認の申出と調査との関係（事務運営指針 6 - 23、7 - 23）について規定されていますが、主たる内容は内国法人と国外関連者との間の事前確認の内容と同様のものとなっています。

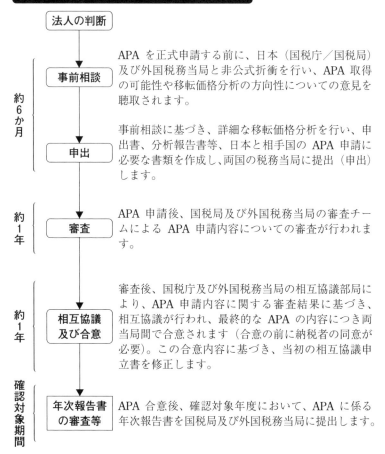

Bi-APA の流れ図（日米取引等の場合の例）

法人の判断

約6か月	事前相談	APA を正式申請する前に、日本（国税庁／国税局）及び外国税務当局と非公式折衝を行い、APA 取得の可能性や移転価格分析の方向性についての意見を聴取されます。
	申出	事前相談に基づき、詳細な移転価格分析を行い、申出書、分析報告書等、日本と相手国の APA 申請に必要な書類を作成し、両国の税務当局に提出（申出）します。
約1年	審査	APA 申請後、国税局及び外国税務当局の審査チームによる APA 申請内容についての審査が行われます。
約1年	相互協議及び合意	審査後、国税庁及び外国税務当局の相互協議部局により、APA 申請内容に関する審査結果に基づき、相互協議が行われ、最終的な APA の内容につき両当局間で合意されます（合意の前に納税者の同意が必要）。この合意内容に基づき、当初の相互協議申立書を修正します。
確認対象期間	年次報告書の審査等	APA 合意後、確認対象年度において、APA に係る年次報告書を国税局及び外国税務当局に提出します。

(注) 恒久的施設に係る所得に関する事前確認についても同様の流れ図となります。

Keyword：事前確認

　わが国が移転価格税制を導入した当時は、米国においてわが国企業が厳しい移転価格課税を受けていた時期であり、法人が移転価格税制に容易に対応できないのではないかとの懸念がありました。当時の国税庁長官梅沢節男氏から法人が適用する移転価格算定方法を事前に届出することにより後日の調査で移転価格税制の問題としない方法を検討するようにとの指示があり、移転価格税制導入後1年を経て導入されたものです。

　事前確認は、導入当初は通達で定められていましたが、現在は、「移転価格事務運営要領の制定について（事務運営指針）」に改められています。法律事項ではないことから、事前確認にはその効果に限界があり、たとえば、Uni–APA はロールバックできないとか、わが国の所得が過少である場合には決算調整、申告調整が可能ですが、わが国の所得が過大である場合には、決算調整はできますが申告調整は基本的にできないなどの制約があります。

所得移転額の調整方法

		確定申告前	確定申告後
Bi–APA	過少	決算調整、申告調整	修正申告
	過大	決算調整	相互協議：更正の請求
Uni–APA	過少	決算調整、申告調整	修正申告
	過大	決算調整	調整不能

Keyword：ロールバックとは

　ロールバックとは、確認対象年度前の各事業年度についても同様に確認内容を準用し適用することです。ロールバックは、納税者の申出に基づくもので、ロールバックを希望する事業年度（以下「ロールバック年度」といいます）における国外関連取引の状況が、確認対象年度のものと同様であり、事前確認における独立企業間価格の算定方法がロールバック年度においてももっとも合理的と判断されるときに認められます。

　なお、ロールバックの申出は Bi–APA 又は Multi–APA の場合に可能であり、相互協議の申立てを伴わない Uni–APA の場合はできないこととされています（事務運営要領 6 – 23）。

(2) 事前確認の結果の通知等

　一国間の事前確認では、国税局による審査の結果について確認申出法人に対し、確認する場合と確認しない場合ともに、その旨が通知されます（「独立企業間価格の算定方法等の確認通知書」又は「独立企業間価格の算定方法等の確認ができない旨の通知書」事務運営要領 6 − 15(3)(4)(5)）。

　二国間あるいは多国間事前確認においては、国税局による審査の結果を受けた国税庁の相互協議室が相手国の権限ある当局と相互協議を行い、独立企業間価格の算定方法や補償調整の方法等について相手国と合意に達した場合（確認申出法人の同意が前提）には、国税庁から確認申出法人に「相互協議の合意について（通知）」により、合意に至った年月日及び合意内容の通知がなされます（相互協議手続 2 − 17(1)）。当初の申出内容と合意内容が異なる場合には国税局（又は税務署）は、当該合意結果に従い確認申出法人に対し申出の修正を求める等した上で（事務運営要領 6 − 15(1)）、当該合意結果に基づき確認する旨を記載した「独立企業間価格の算定方法等の確認通知書」を送付します。相互協議の合意文書を受け取った法人は、合意された事業年度において合意内容に従って申告をしている限り両国において移転価格課税は行われません。不合意の場合には、確認申出法人に対し「相互協議の終了について（通知）」により通知されます（相互協議手続 2 − 18(2)）。その場合、事前に、国税局（又は税務署）から確認申出法人に対し申出の取下げ、あるいは一国間の事前確認への切り替えについて意見を聴かれることにな

ります（事務運営要領 6 – 15(2)）。

(3)　事前確認の取得後の対応

　一国間の事前確認で確認がされた場合は、確認法人は確認内容に
したがって対応する必要があり、その結果、決算書上で確認内容に
適合しておらずわが国の所得が過少となっている場合には、申告調
整（申告書別表四において加算）又は修正申告をしなくてはなりま
せん。この場合、相手国では対応的調整が行われないことから、二
重課税となります。他方、決算書上で確認内容に適合しておらずわ
が国の所得が過大となっている場合であっても、更正の請求をする
ことはできません。基本的に、確認内容に適合するよう決算書上に
織り込んで対応していく必要があります（事務運営要領 6 – 19(2)）。

　二国間あるいは多国間事前確認で確認がなされた場合も、確認法
人は基本的に確認内容に適合するよう決算書上に織り込んで対応し
ていく必要があることは同様です。しかしながら、二国間あるいは
多国間事前確認においては、決算書上で確認内容に適合しない場合、
双方の国で補償調整を行うことになるため、二重課税は解消される
仕組みとなっています。具体的には、決算書上で確認内容に適合し
ておらずわが国の所得が過少となっている場合には、申告調整（申
告書別表四において加算）又は修正申告をしなくてはなりませんが、
相手国においては、わが国で過少となっている所得に見合う所得が
対応的に減額更正されることから二重課税は解消されます。わが国
の所得が過大となっている場合には決算書上で織り込むこと（減

額）ができ、織り込むこと（減額）ができなかった場合には、相手国において所得の増額の更正が行われることになりますが、わが国においては、対応的に（補償調整に係る相互協議の合意内容に従い）更正の請求を行い減額更正がなされることから二重課税は生じません（事務運営要領6－19(2)ニ）。

なお、確認内容に適合するように決算上に織り込む対応方法としては、取引価格を通じて随時見直しを図り調整していく方法と決算期末（半期、四半期毎でも可能）に価格調整金の受払いとして一括での調整を図る方法があります。

確認対象年度の終了に際し、事前確認制度の適用を継続して希望する場合、更新の申出を行う必要があります。更新の申出に対し、当初の事前確認にいたるまでと同様の手続がなされることになります（事務運営要領6－22）。

また、事前確認を受けた確認法人は確認を受けた各事業年度の確定申告書の提出期限又は国税局（又は税務署）によりあらかじめ定められた期限内に、確定申告が事前確認の内容に適合していることを報告する必要があります（「独立企業間価格の算定方法等の確認に関する報告書」の提出）。これは年次報告書と呼ばれ、その報告書には、事前確認の内容に適合した申告を行っていることの説明、確認取引に係る確認法人及び当該国外関連者の損益並びに当該損益の計算の過程を記載した書類（事前確認の内容により国税局担当課が必要と認める場合に限ります）、事前確認の前提となった重要な

事業上又は経済上の諸条件の変動の有無に関する説明、確認取引の結果が事前確認の内容に適合しなかった場合に、確認法人が行った対価の額の調整の説明、確認事業年度に係る確認法人及び当該国外関連者の財務状況などの内容を記載した資料を添付しなくてはなりません（事務運営要領6－17）。

　国税局担当課は、報告書の検討において、確認対象法人に接触する場合には、原則として行政指導として行い、事前確認の内容に適合した申告が行われておらず、所得金額が過少となっていると疑われる場合には、確認対象法人に対し、自発的な見直しを要請した上で、必要に応じて修正申告書の自発的な提出を要請します（過少申告加算税は課されません）。当該行政指導に応じない場合には、国税通則法に規定する調査手続に従って調査を行うとされています（過少申告加算税が課されます。事務運営要領6－18(3)）。

Keyword：補償調整

　補償調整とは、二国間あるいは多国間事前確認において、その確認内容に適合しない決算結果となっている場合に、税務上の所得金額の調整を図ることです。ただし、補償調整の方法は一律的なものでなく、一般的に相互協議の合意内容に個別的、具体的に示されるため、その内容に従うことになります。

(4) 事前確認の状況

　移転価格調査は長期間にわたる場合が多く、除斥期間も7年間であることから更正金額も多額となる傾向があり、さらに課税後の相互協議にも時間がかかることから納税者の負担も大きくなります。事前確認はこれらの負担を軽減し、納税者の法的安定性、予測可能性も確保できることから年々増加傾向にあります。また、わが国との事前確認の相手国は従来、地域的には米国、オーストラリアが中心でしたが、近年アジア諸国等との事前確認が増加しています。令和元年事務年度末までの5年間の事前確認に係る相互協議の実施件数は以下のとおりですがカッコ内のOECD非加盟国地域との実施件数は徐々に増加しています。

事前確認の状況（カッコ内はOECD非加盟国地域）

事務年度	発生件数	処理件数	繰越件数
H27　（2015）	151件（30）	126件（12）	355件（95）
H28　（2016）	131件（28）	143件（20）	343件（103）
H29　（2017）	166件（44）	122件（23）	387件（124）
H30　（2018）	163件（45）	146件（23）	404件（146）
R1・(H31)　（2019）	148件（43）	145件（30）	407件（159）

事前確認件数の推移

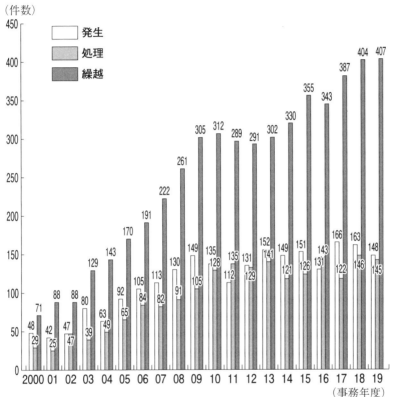

（件数）

（事務年度）
（出典：国税庁公表資料）

（注）1　事務年度は7月1日から翌年6月30日までです。
　　　2　処理件数は、相手国との合意、納税者による申立ての取下げ等により
　　　　相互協議が終了した件数です。

┌─────────────────────┐
│   **重要事項解説**   │
└─────────────────────┘

1 事前確認に係る相互協議の法的根拠

　租税条約の相互協議条項では、現実に租税条約に適合しない課税を受け又は受けるにいたると認められる場合のほか、条約の解釈又は適用に関して生じる困難又は疑義を合意によって解決するよう努めることとされていることから、事前確認に関する協議は租税条約の特殊関連企業条項（移転価格等）の具体的適用に関する協議、すなわち、特定の関連企業間の取引への独立企業の原則の適用に関する協議と考えることができます（たとえば、日米租税条約第25条第3項(d)）。したがって、個別の移転価格課税が行われた後の相互協議とは租税条約の根拠規定（たとえば、日米租税条約第25条第1項、第2項）を異にします。

2 国外関連取引の金額が少額な場合等の事前確認申出の必要性の検討

　国外関連取引の金額が少額な場合及び課税のリスクがほとんどない場合の事前確認申出については、課税リスクと事前確認に係るコストの費用対効果の検討が必要と思われます。また、相互協議を伴う事前確認の場合、相手国の実務経験や体制の整備状況によって、円滑な進展が望めないことも想定されますので、このようなケースにおいては、国税局や国税庁の担当部局に事前に事前確認の必要性について相談されることをお勧めします。

3 「確認申出書に添付を求められる資料」（事務運営要領6－3）

(1) 　確認申出書には次の資料の添付が求められ、当該資料に誤り又は変更があった場合には、速やかに局担当課に連絡しなくてはなりません。添付資料は詳細に規定されていますが（事務運営要領6－3(1)イ～

ル）、作成するに当たって確認する必要があるものについては、局担当課と相談されることをお勧めします。

イ　確認対象取引の内容、当該確認対象取引の流れ及び詳細を記載した資料

ロ　確認申出法人及び国外関連者の事業の内容及び組織の概要を記載した資料

ハ　確認対象取引において確認申出法人及び国外関連者が果たす機能、負担するリスク及び使用する資産に関する資料

ニ　確認対象取引に係る独立企業間価格の算定方法等及びそれが最も適切な方法であることを説明した資料

ホ　事前確認を行い、かつ、事前確認を継続する上で前提となる重要な事業上又は経済上の諸条件（確認対象取引に係る経済事情その他の要因等を含む）に関する資料

ヘ　確認申出法人と国外関連者との直接若しくは間接の資本関係又は実質支配関係に関する資料

ト　過去3事業年度分の営業及び経理の状況その他事業の内容を明らかにした資料（新規事業又は新規製品に係るものであり、過去3事業年度分の資料を提供できない場合には、将来の事業計画、事業予測の資料など、これに代替するもの）

チ　国外関連者が所在する国又は地域等で、移転価格に係る調査、不服申立て又は訴訟等が行われている場合には、その概要及び過去の課税状況を記載した資料

リ　確認対象取引に係る独立企業間価格の算定方法等を確認対象事業年度前3事業年度に適用した場合の結果など確認対象取引に係る確認対象取引に係る独立企業間価格の算定方法等を具体的に説明するために必要な資料

ヌ　確認申出法人が属する多国籍企業グループの最終親会社等及び確認申出法人に係る親会社等のうち当該確認申出法人を直接支配する親会社等が当該最終親会社等でない場合の親会社等の概要を記載した資料（相互協議を伴わない事前確認の申出の場合に限る）

　　ル　その他事前確認に当たり必要な資料
　　（注）ト又はリに掲げる資料については、製品のライフサイクル等
　　　　　を考慮した場合に、必要な場合には3事業年度分に加えその
　　　　　前2事業年度分に係る資料の提出を求める。
⑵　確認対象法人が、明らかに、⑴イからルまでに掲げる資料の添付を
　行っていない場合には、所轄税務署長は、確認申出法人に対し、速や
　かに、当該資料を提出することを求めるとしています。

4　「事前確認審査」

　事前確認の申出を受けた場合には、国税局担当課は、以下により事前
確認審査を行います（事務運営要領6 −11）。
　事前確認審査は、事前確認取引に関して自国の課税権を確保するとい
う意識を基に詳細に確認対象取引の分析等を行い移転価格算定方法が適
切であるか否かの検討を行います。従って、長期間にわたり行われるこ
とが多く確認申出法人の忍耐強い対応が求められます。しかし、確認申
出法人は、国税局審査担当者と提出を要請された資料等の必要性や内容
等について率直に意見交換することが必要です。

①　速やかに事前確認審査に着手し、的確かつ迅速な事務処理に努める。
　　事前確認審査を迅速に進めるためには、確認申出法人の協力が不可欠
　　であることから、確認申出法人に対しその旨を説明し、理解を求める。
②　原則として、局担当者は、事務運営要領3 − 1 （調査の方針）及び
　　3 − 2 （調査に当たり配慮する事項）の取扱いその他の第3章（調査）
　　及び第4章（独立企業間価格の算定等における留意点）の取扱いの例
　　により事前確認審査を行う。なお、事前確認審査は、調査には該当し
　　ないことに留意する。
③　確認申出書に事務運営要領6 − 3⑴イからルまでに掲げる資料の添
　　付がないことについて、相当の理由があると認められる場合には、確
　　認申出法人に対し、当該資料の提出に通常要する日数を勘案して、45

日を超えない範囲内に提出期限を設定し、当該資料の提出を求める。

④　事前確認審査のために、事務運営要領6－3(1)イからルまでに掲げるもの以外の資料が必要であると認められる場合には、確認申出法人に対してその旨を説明し、当該資料の提出を求める。その場合、当該資料の提出に通常要する日数を勘案して、45日を超えない範囲内に提出期限を設定する（不正確な情報に基づいて作成されたと判断した場合には、速やかに、正確な情報に基づき作成した資料の提供を求める）。

⑤　確認申出法人が申し出た国外関連取引に係る独立企業間価格の算定方法等が最も適切な方法と認められない場合には、確認対象法人に対し、申出の修正を求めることができる。

⑥　庁担当課は、必要に応じ、局担当課に対し事前確認審査の状況等について報告を求める。

5　事前確認申出書の提出時期

事前確認の申出は、確認対象事業年度のうち最初の事業年度開始の前日までに「独立企業間価格の算定方法等の確認に関する申出書」をその国外関連者の所在地国又は地域ごとに法人の納税地の所轄税務署長に提出しなくてはならないこととされています（事務運営要領6－2(2)）。

6　「事前確認の申出と税務調査の関係」

事前確認の申出と税務調査との関係については、移転価格事務運営要領は、次のように規定しています。

①　確認対象事業年度の前の各事業年度について調査が行われている間に、事前確認の申出を行ったとしても、当該調査は中断されない（事務運営要領3－23(1)）。この規定が想定しているのは、税務調査が行われている事業年度については事前確認の申出ができないこと、例え、税務調査対象事業年度後の事業年度について事前確認の申出があっても税務調査対象事業年度の調査は中断しないということです。その場合、確認対象事業年度の前の事業年度について、確認対象取引と同様

の国外関連取引に対し移転価格税制の適用に係る調査が行われている場合には、事前確認審査を開始し、又は再開することが適当であると判断するまでの間、事前確認の手続きを保留するとされています（事務運営要領6−14(2)へ）。すなわち、移転価格に関する税務調査が行われている場合には、事前確認をしたとしても、税務調査が終了するまで事前確認審査が開始されませんので注意が必要です。

②　事前確認の申出を行ったとしても、確認対象事業年度の前の事業年度に係る税務調査の開始は妨げないとしています（事務運営要領3−23(2)）。事前確認では、確認対象事業年度前の事業年度についても確認対象事業年度とすることができます（ロールバック）ので、事前確認の申出をする場合には、ロールバック対象事業年度の設定については注意が必要です。

③　事前確認の申出をしている場合には、事前確認に係る手続が行われている間は、確認対象事業年度に係る申告の内容（事前確認を受けようとする国外関連取引に係る独立企業間価格の算定方法等に限る）については、税務調査は行わないとされています（事務運営要領3−23(3)）。当確認対象事業年度にはロールバック対象事業年度も含まれると考えますが、税務調査を行わないのは「確認対象事業年度」と限定的に規定されていることから、ロールバック事業年度については税務調査を行うことができると限定的に考えられているのか否か明確ではありません。

④　税務調査においては、事前確認の申出を行った法人から事前確認審査のために収受した資料（事実に関するものを除く）は使用しない。ただし、当該資料の使用について法人の同意があるときは、この限りでないとしています（事務運営要領3−23(4)）。事前確認審査担当部署と調査担当部署は異なり、両部署間にファイアー・ウォールがあります。情報の交換に制限が掛けられています。

7　事前確認の効果

　事前確認のメリットとしては、①事前確認対象事業年度について税務調査が新たに開始されることはない、②通常の税務調査と異なり課税当局との対応は友好的である、③調整が発生したとしても過少申告加算税は賦課されない、④事前確認の期間（通常５年）は法的安定性を得ることができ、経営方針が立て易くなる、⑤二国間あるいは多国間事前確認では、オープン年度にロールバックすることができることから過年度についても税務調査は開始されず過年度に調整が発生したとしても過少申告加算税は賦課されないことなどが挙げられると思います（事務運営要領 6 – 16など）。

❖❖

8　「事前確認を行うことが適当でない場合」

　事前確認の申出を行っても、次の場合に該当することにより、事前確認を行うことが適当でないと認められる場合には、確認申出法人に対して、事前確認を行うことができない旨説明されます（事務運営要領 6 – 14(1)）。

① 　非関連者間では通常行われない形態の取引を確認対象取引とする等により、経済上の合理的な理由なく我が国での税負担が軽減されることとなると認められる場合

② 　確認対象法人が、事前確認審査に必要な情報を局担当者が設定した期限までに提出しないことその他の確認対象申出法人から協力を得られない事情により、事前確認審査に支障が生じている場合

③ 　事前確認の申出が、過去に行われた事前確認の申出であって、①から⑥までに掲げる場合に該当することにより事前確認を行うことができないこととされたものとその内容において同一であると認められる場合

④ 　確認対象取引が、法令等に抵触し、又は抵触する恐れがある場合

⑤ 　事務運営要領 6 – 15(2)に定めるところにより（国外関連者が所在する国又は地域の税務当局において事前確認の申出に相当する申出が収

受されず、かつ最初の事業年度の開始の日の翌日から３年を経過する
までに事前確認の申出に相当する申出が収受される見込みがない場合、
相互協議の合意が成立しなかったものとその内容が同一であると認め
られる場合）、確認申出法人から事前確認の申出を取り下げるか否か、
相互協議を伴わない事前確認を求めるか否かを聴取された日の翌日か
ら３か月を経過する日までに、確認申出法人からの回答がなかった場
合
⑥　その他事前確認を行うことが適当でないと認められる場合

9　「事前確認手続きが保留される場合」

　次の場合に該当し、事前確認の申出に係る事前確認審査を開始し、又
は継続することが適当でないと判断された場合には、国税局担当課が事
前確認の手続きを保留する旨説明されます（事務運営要領６－14⑵）。
①　移転価格税制に基づく更正等に係る国外関連取引と同様の国外関連
　取引とする申出が行われた場合に、当該更正等に係る不服申立て又は
　訴えについて決定若しくは裁決又は判決の確定を待って事前確認審査
　を行う必要があると認められるとき
②　確認対象取引以外の国外関連取引に係る事前確認の申出及び相互協
　議の申立てが行われている場合に、当該相互協議の合意を待って当該
　確認対象取引に係る事前確認審査を行う必要があると認められるとき
③　確認申出書に添付されることが求められている資料によっては、事
　業活動の実態を把握できず、確認対象取引の確認対象事業年度におけ
　る実績を踏まえて事前確認審査を行う必要があると認められる場合
④　事前確認の申出に係る国外関連者が所在する国又は地域の税務当局
　に対して事前確認に相当する申出が当該税務当局によって収受されて
　おらず、かつ、当該税務当局によって収受された旨又は収受される見
　込みとなった旨の連絡を受けてから事前確認審査を行うことが適当で
　あると認められる場合
⑤　庁相互協議室から事前確認審査を終了したとしても、当分の間、相
　互協議が行われることが見込まれない旨の連絡を受けた場合

⑥　確認対象事業年度の前の事業年度において、確認対象取引と同様の国外関連取引に対して移転価格税制の適用に係る調査が行われている場合

⑦　その他事前確認審査を開始し、又は継続することが適当でないと認められる場合

10　事前確認の改定

　確認対象事業年度のいずれかの事業年度において、事前確認を継続する上で前提条件となっている重要な事業上又は経済上の諸条件等において事情の変更が生じた場合には、確認法人は事前確認の改定の申出をしなくてはなりません（事務運営要領6 −20）。その申出をしなかった場合には事前確認の取消要因となりますので注意が必要です（事務運営要領6 −21(1)イ）。改定の申出を行うと、国税局の審査、相手国との相互協議が行われます。

11　事前確認の取消し

　事前確認は法定事項ではなく、課税当局と納税者との信頼関係に基づくものですから、事前確認の内容に適合した申告を行わなかった場合あるいは事前確認の内容に重要な影響を与える事情の変更等について適切に報告をしなかった場合にはその事実が発生した事業年度以降の確認対象事業年度について、さらには、事前確認の基礎となった事実関係が真実でない場合又は申出の内容に重大な誤りがあった場合には確認対象事業年度について、事前確認は取り消されることとなります（事務運営要領6 −21(1)）。

　相互協議の合意が成立した事前確認については、事前確認を取り消す旨の相互協議の合意を受けて取り消すこととなります（事務運営要領6 −21(3)）。取り消す場合には「独立企業間価格の算定方法等の確認取消通知書」により通知されます（事務運営要領6 −21(4)）。

12 更新申請の時期

　事前確認の更新は、更新対象事業年度のうち最初の事業年度開始の前日までに行わなくてはなりません（事務運営要領6－22、6－2）。

❖❖❖❖❖❖❖❖❖❖❖❖❖❖❖❖❖❖❖❖❖❖❖❖❖❖❖❖❖❖❖❖❖❖

13 新型コロナウイルス感染症の世界的感染拡大に関する移転価格執行ガイダンス（2020年12月18日公表）

　当ガイダンスは、(1)比較可能性分析、(2)損失及び新型コロナウイルス感染症特有の費用の配分、(3)政府支援プログラム、(4)事前確認に焦点を当てています。

　その概要は以下のとおりです。

(1)　比較可能性分析

　　関連者間取引に対する新型コロナウイルス感染症の世界的感染拡大の影響を推定することが必要。

　イ　予算計上した財務数値と実績値を比較する。

　ロ　同時期の非関連者間取引の比較可能分析を行う（2020年の情報は早くとも2021年度末までは入手できない）。

　ハ　税務当局は移転価格が独立企業間ベースで、利用可能な情報を利用して設定されるよう、2020年度の税務申告書の修正を認める柔軟性を発揮することができる。

　ニ　世界的感染拡大の期間中又は世界的感染拡大の特定の重大な影響が最も明白である期間においては別個の検証期間及び価格設定のために考慮される期間を設けるのが適切である。

　ホ　2020年度の比較可能性分析を実施する際、取引の正確な描写において比較対象候補が信頼できることが示されている場合は、損失が生じている比較対象候補の採用が適切となりうる。

(2)　損失及び新型コロナウイルス感染症特有の費用の配分

　　関連者間取引の損失の配分は、紛争を生じさせる可能性があり、検討を要する問題である。

　イ　「リスクが限定的な」事業体が独立企業間で損失を負担する可能

性があるか否かを決定する際には、特定の事実及び状況を考案することが必要である。

ロ　新型コロナウイルス感染症の発生前には、「リスクが限定的な」販売会社が新型コロナウイルス感染症の発生後には、例えばリスク管理機能の変化に起因して、当該販売会社が一部の市場リスクを引き受けており、損失を配分される必要があるということを主張した場合、懸念が生じる可能性がある。

ハ　関連者間の既存の企業間取決め及び／又は商業関係の修正は、慎重に取り扱われ、かつ、当該修正がどのように独立企業原則に則しているかを説明する文書により十分裏付けられる必要がある。

ニ　比較可能性分析を実施する際、特に新型コロナウイルス感染症に伴い生じる例外的な費用をどのように考慮すべきか検討する必要がある。

(3)　政府支援プログラム

政府支援、例えば交付金、補助金、返済免除条件融資、税控除又は投資控除のような直接的又は間接的な経済的利益を提供する金銭的又は非金銭的なプログラムをいう。

イ　政府支援が経済的により深く関連している例としては、賃金補助金、政府の債務保証、又は短期的流動性支援は、関連者間取引及び独立企業間の比較対象取引に対して価格を含めて直接的に影響する。政府支援が経済的な特徴を有する場合、この情報は移転価格分析を裏付ける文書の一部として含まれなければならない。

ロ　政府支援を受ける当事者が活動する市場の経済状況も、正確に描写された関連者間取引の価格設定に影響する可能性がある。

ハ　同じ種類の支援の会計処理が、検証対象と比較対象の間で異なる場合、差異調整が必要となる可能性がある。

(4)　事前確認（APA）

既存のAPAを適用することの難しさに直面している場合、関連税務当局に適時にこれらの問題を提起することで、協力的で透明なアプローチを採用することが納税者には推奨される。

イ　APA の取消し又は修正につながる状況（重要な前提条件への抵触など）が発生しない限り、既存の APA 及びその条件は尊重、維持、支持されるべきである。

ロ　新型コロナウイルス感染症の世界的拡大によって影響を受ける期間中の単なる企業業績の変化は、重要な前提条件への抵触にはならない（個別の APA において企業業績の変化に関する重要な前提条件を定めている場合を除く）。

ハ　抵触が発生した場合、税務当局は、合意された移転価格算定方法が新たな状況下での関連者間取引の独立企業間価格を反映したものであるとの信頼について慎重に検討すべきである。

ニ　新型コロナウイルス感染症の世界的感染拡大によって影響を受ける期間を対象とする短期の APA とともに、新型コロナウイルス感染症後の期間を対象とする別個の APA を合意することについて検討しうる。

ホ　全期間（2020〜2024年の APA 期間など）にわたって APA を締結し、新型コロナウイルス感染症の影響について判明次第、年次で分析、報告し、それに従って適切な場合には遡及的に APA を改定するという条件を付するということもありうる。さらに、APA 期間を通じた累積的検証、又は期間検証の使用が検討しうる。

ヘ　新型コロナウイルス感染症の世界的拡大はまた、現在 APA を交渉中の税務当局及び納税者に対し、実務的な課題を生じさせる。税務当局と納税者は新型コロナウイルス感染症より前の実務慣行に固執することが不当に APA の交渉を著しく遅延させる可能性があることを認識すべきである。そうではなく、協議中の APA を締結する上で遅延を最小限に抑えるために、協調的な作業に向けた革新的で柔軟なアプローチをとることが推奨される。

ト　税務当局と納税者は APA の協議を進め続けるための代替的アプローチ（バーチャル会議、バーチャルなインタビュー、バーチャルな実地訪問、電子的な文書の共有など）を検討することを推奨する。

参考1　事前確認（APA）第1号は松下（現パナソニック）グループ

1992年12月19日付産経新聞朝刊が「国際的な税金紛争を防ぐため、海外子会社との取引価格を事前に税務当局間と決める移転価格税制「事前確認制度」（APA）を日本企業として初めて適用された松下電器産業が、合意した内容を基に……」と報じています。日米二国間APA第1号の成立です。

寄附金課税と移転価格税制

　国外関連者との資産、役務の取引等に係る課税関係について、「寄附金課税を適用するのか、移転価格課税を適用するのか」によって、所得調整額の面からは双方とも全額損金不算入となっていることから差異はありませんが、更正の期間制限（寄附金課税は5年、移転価格課税は7年）、判断基準（寄附金課税は時価との差額、移転価格課税は独立企業間価格との差額）、相互協議の可否（寄附金課税は原則として不可、移転価格課税は可）に差異があることから明確な区分が必要です。

　特に、租税条約上の特殊関連企業条項との関連では、わが国の租税特別措置法及び法人税法は移転価格課税と寄附金課税を区分して取り扱っており、寄附金課税は国家としての租税制度の選択に他ならないことから、そもそも「条約に適合しない課税」に当たらず、したがって、基本的に相互協議の対象にはならないと解されています。しかし、わが国では寄附金課税を受けていても相手国では移転価格課税の対象となる場合には、発生している二重課税を排除するために相互協議の申立てができると考えられています。しかし、その場合、相手国の権限ある当局が相互協議の申出を行ったとしても、わが国としては、「わが国の課税処分は税法に基づいて正当に行っ

たものである」ことを主張することとなることから、わが国で寄附金課税が行われた場合には、二重課税は排除されないという問題が発生しますので、寄附金課税と移転価格課税を明確に区分することが要請されます。

1　寄附金課税の意義及び範囲

　租税特別措置法第66条の4第3項が法人税法第37条第7項のみを引用し、同条第8項の寄附金を引用していないことなどから、移転価格課税と寄附金課税の区分を検討するに当たっては寄附金の意義及び範囲についてまず検討する必要があります。

(1)　意義及び範囲

　法人税法第37条第7項は、「金銭その他の資産又は経済的な利益の贈与又は無償の供与をした場合」の寄附金とされる金額を規定し、同条第8項は、「資産の譲渡又は経済的な利益の供与をした場合において、その譲渡の価額又は供与の対価の額が譲渡の時における価額又は供与の時における価額に比して低い場合」の寄附金とされる金額を規定しています。なお、両規定とも、法人の事業との関連性の有無を定めていません。

　金子宏著『租税法』（第二十二版、弘文堂、383頁）では、「法人の支出した寄附金のうちどれだけが費用の性質をもち、どれだけが利益処分の性質をもつかを客観的に判定することが困難であるため、

法人税法は、行政的便宜ならびに公平の維持の観点から、統一的な損金算入限度額を設けた」と説明されています。

　また、同書では「「無償」とは、対価またはそれに相当する金銭等の流入を伴わないことを意味していると解すべき」とし、子会社に対する内実を伴わない業務委託費名目の支出、債務の免除をした場合の債務相当額、資産を譲り受けた法人が売主に正常な対価を超過する支払をなした場合におけるその超過額、関連会社に対する売上値引き、親会社が子会社に金融機関から借り入れた資金をその平均借入利率を下回る利率で貸し付けた場合の差額などがここでいう寄附金に含まれると解説しています（同書385頁）。

　これらの例から見ると、必ずしも対価を収受しない場合だけでなく対価を収受していても相当の対価でないものも含まれると解されています。

　第8項は、低廉譲渡等の寄附金を規定しており、「その差額のうち実質的に贈与または無償の提供をしたと認められる金額は寄附金の額に含まれる」と規定していることから、「当事者間に贈与契約がなくても経済的に見て贈与と同視しうる場合を意味していると解すべき」としています（同書385頁）。

　第7項と第8項の関係については、第8項は第7項にいう「贈与又は無償の提供」の内容を補完したものであり、両者を別項としたのは専ら立法技術的な理由によるものであるとされています。

　このことは、山本守之著『法人税の理論と実務』（中央経済社、376頁）では、たとえば第8項は、「低廉譲渡の場合について規定され、不相当高価の譲受けについては規定されていないが、本来第8

項は創設的規定と解すべきではなくて、第7項の確認規定と解すべきである。その理由は、第7項においてすでに贈与又は経済的利益をもって「寄附金の額」としているからである。第8項は、もっとも多く生ずる低廉譲渡について定めている」と解説しています。

(2)　寄附金の法的性格

①　寄附金は、民法上の贈与であり、一方の当事者が無償で相手方に財産を与えることを表示し、相手方がこれを受諾することによって成立する契約です。国外関連者間の関係でいえば「関連者がお互いに贈与であることを認識して」初めて成立する契約だといえます。

②　寄附金課税と裏腹の関係にあり、「法人の収益」の額を規定している法人税法第22条第2項は、「内国法人の各事業年度の所得の金額の計算上当該事業年度の益金の額に算入すべき金額は、資産の販売、有償又は無償による資産の譲渡又は役務の提供、無償による資産の譲り受けその他の取引で資本等取引以外のものに係る当該事業年度の収益の額とする」と規定しています。したがって、「取引」によって生じた収益は、営業取引によるものか営業外取引によるものか、合法的なものか不法なものか、有効なものか無効なものか、金銭の形態をとっているかその他の経済的利益の形態をとっているか等の別なく、益金を構成すると考えられています。前掲『租税法』（321頁）では、「通常の対価よりも低い対価で取引を行った場合にもこの規定（無償による取引）が適用

されるかどうかは、明文上は明らかでないが、積極に解すべきである」とし、内国法人にこの規定が適用される場合には、その相手方の法人に、実質的に贈与したと認められる部分の金額が寄附金とされることになると解説されています。この規定からもわかるように、寄附行為は、「取引」と認識されています。

2 移転価格税制の導入と寄附金課税の関係

(1) 導入の経緯

わが国は、昭和61年度の税制改正において移転価格税制を導入しました。移転価格税制が導入された背景としては、国外関連者との取引を通じて所得移転がなされた場合に、従来の法人税法等の規定である、「法人税法第22条の課税所得の通則法的規定」「法人税法第37条の寄附金の損金不算入の規定」「法人税法第132条の同族会社の行為計算否認の規定」「租税特別措置法第66条の6のタックス・ヘイブン対策税制に関する規定」では適正に対応できないことが挙げられます。

わが国の移転価格税制は、「国外関連者との間で資産の販売、資産の購入、役務の提供等その他の取引を行った場合」「当該取引は独立企業間価格で行われたものとみなす」と規定しています（措法66の4①）。国外関連者との取引については「取引価格」の問題として移転価格税制を適用することを明確にしたものです。

その後、平成3年の税制改正において、国外関連者との間の所得

移転に関して、取引を通じてなされたものは移転価格税制が適用されて独立企業間価格との差額が全額損金に算入される一方で、単なる金銭の贈与等については一定の限度内で損金算入が認められるという不均衡を是正するために、租税特別措置法第66条の4第3項が追加されました。この規定の追加によって両者の関係は課税金額の面で同一の取扱いとなったのです。

(2)　移転価格税制と寄附金課税の関係

　租税特別措置法第66条の4第3項は、法人税法第37条第7項に規定している寄附金（金銭その他の資産又は経済的な利益の贈与又は無償の提供）について全額損金不算入としています。しかし、法人税法第37条第8項に規定している寄附金（資産の譲渡又は経済的な利益の供与を低廉な対価で行った場合）については言及されていません。

　このように移転価格税制と寄附金課税が規定されていることから、移転価格税制と寄附金課税の相互関係については次のような考え方があります。

① 「法人税法第37条第7項に規定する寄附金のうち国外関連者に対するものは、租税特別措置法第66条の4第3項の規定により全額損金不算入となり、他方、法人税法第37条第8項に規定されている寄附金のうち国外関連者に対するものは、租税特別措置法第66条の4第1項に規定する移転価格税制に包含され、独立企業間価格との差額が損金不算入となる」（山川博樹『わが国における

移転価格税制の現行』税務研究会、191頁）

② 「移転価格税制は租税特別措置法に規定され、「国外関連者との取引に係る課税の特例」とされていることから移転価格税制が法人税法に規定されている寄附金に優先して適用される」（五味雄治『移転価格の税務』財経詳報社、94頁）

③ 「移転価格税制は、国外関連者との取引価格が独立企業間価格と異なるため、わが国の課税所得が減少することとなるときは、その取引価格を独立企業間価格におき直して課税するというものであるが、その内容はまさに低廉譲渡等の規定（法法37⑧）そのものといってよい」（渡辺淑夫『寄附金課税の知識』財経詳報社、73頁）

②に掲げた説は別として、その他の説は、「法人税法第37条の第8項に規定している寄附金には移転価格税制が適用され、同条第7項に規定している寄附金には従来通りの寄附金課税が適用される」との見解に立っています。

この考え方によると、金銭、その他の資産の贈与、無利息貸付、債務免除、役務の無償提供等、法人税法第37条第7項に該当する寄附金には無条件に寄附金課税が行われ、移転価格税制が適用される余地がなくなってしまいます。

しかし、前述しましたように、法人税法第37条第7項は、寄附金に関する総括的な規定であり、第8項の低廉譲渡等の寄附金は第7項を補完したものであって、実質的に第8項は第7項の一部をなすものであると考えられます。また、租税特別措置法第66条の4第1項に規定されている移転価格課税は「資産の販売、資産の購入、役

務の提供その他の取引」に適用され、「当該取引は独立企業間価格で行われたものとみなす」と規定しています。すなわち、法人税法第37条第8項のように「資産の譲渡又は経済的利益の供与がその時価相当額より低い対価で行われる」ことを問題にしているわけではありません。高価での買入れも対象となります。また、有償であるか無償であるかは移転価格税制では重要ではありません。国外関連取引としてなされたものであれば「その取引を独立企業間価格で行われたとみなす」こととしているにすぎません（寄附金課税も取引を対象とすることは前述のとおりです）。

　したがって、移転価格税制は、法人税法第37条第8項に規定されている寄附金だけに限定して適用されると考えるべきではなく、法人税法第37条第7項に規定されている寄附金にも適用され（措法66の4には法法37⑦の寄附金には適用しないとは規定されていません）、「移転価格税制で扱われない寄附金」が租税特別措置法第66条の4第3項によって全額損金不算入とされたと考えるべきだと思います（法法37⑦が適用される寄附金の範囲についても移転価格税制が適用され、国外関連取引のうち移転価格税制が適用されない特別の寄附金に措法66の4③が適用されると考えられます）。

　こう考えることによって、移転価格税制が昭和61年度の税制改正で租税特別措置法に規定され、従来、寄附金課税等が適用されていた国外関連者との国外関連取引の取引価格に適用されることとなった経緯にも合致します。平成3年、租税特別措置法第66条の4第3項が追加されて法人税法第37条第7項を引用しましたが、このことがこの適用関係を変更したとは考えられません。

　森田政夫著『法人税』（清文社、665頁）では、「すなわち、移転価格税制は、取引価格を通じての所得の移転にだけ適用され、金銭贈与や債権放棄等による所得の移転には適用されませんので、その抜け道を塞ぐため、国外関連者に対する寄附金は全額損金不算入とすることとしています」と説明されています。

寄附金税制と移転価格税制の適用範囲

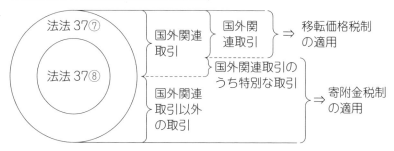

（注）1　租税特別措置法第66条の4第3項における法人税法第37条第7項の規定は移転価格税制と寄附金税制の適用範囲を定めたものではありません。

　　　2　「国外関連取引のうち特別な取引」とは単なる金銭の贈与や債権放棄等をいいます。

3　寄附金課税と移転価格課税の境界線

　移転価格税制は、従来の寄附金課税ではその損金算入限度額の規定上対応できないため、国際課税の適正な対応のために「国外関連者との間で資産の販売、資産の購入、役務の提供その他の取引を行った場合」に適用しようとして設けられたものです。すなわち、「取引を通じて」なされた所得移転には寄附金課税ではなく移転価

格課税を行うこととしたのです。寄附金課税も「取引」を対象とし
ていることは前述のとおりです。また、前述のとおり無償であるか
有償であるかは移転価格税制では重要ではなく、要は独立企業間価
格で行われたかどうかが問題となるものであり、無償で行われたも
のであれば独立企業間ではどのような価格で取引がなされているか
をチェックすることとなると解すべきであると考えられます。

　この意味では、移転価格課税も寄附金課税も、基本的には、重な
り合うこととなります。

　さて、寄附金課税と移転価格課税の境界線を考えるに当たって、
法人税法第37条第7項あるいは第8項の寄附金であるか否か取引で
あるか否か、あるいは無償であるか否かによって区分することは合
理的ではないことは前述のとおりです。そこで判断基準を明確にす
るため、さらに、「意思」、「取引」が判断基準たり得るかどうかを
検討することとします。

(1) 意思

　移転価格税制は、特定の価格を支払うという当事者間の契約上の
義務や税負担を軽減しようという当事者の意図の存在に関係なく、
現実の価格が独立企業間価格であったかどうかを問題とする税制で
す。租税回避の意思の有無、関連者支援の意思等に関係なく結果的
に独立企業間価格で取引されているか否かが問題となります。した
がって、国外関連者との「取引」を通じてなされた所得移転は、た
とえ、贈与の意思があったとしても原則として、移転価格税制が適

用されると考えるのが妥当だと思います。

　なぜならば、移転価格課税は、従来の寄附金課税の範囲を取り込んで独立企業間価格で課税しようとして設けられた税制だからです。

　しかし、当事者の意思を無視して移転価格課税を行うことは、当事者の意思とは異なった結果をもたらすこととなる場合があります。たとえば当事者があくまでも「取引価格」の問題ではなく、単に、寄附する意思であることを主張している場合には寄附金課税の有無の検討が必要な場合があると考えられます。

(2)　取引

　移転価格税制も寄附金課税も「取引」を対象としていることは前述のとおりです。

　このように、両規定とも取引を対象としていることから、基本的には、「取引であるかどうか」を両規定の適用される判断基準として使用することはできません。

　しかし、移転価格税制は、取引価格を通じての所得移転にだけ適用され、単なる金銭贈与や債権放棄等による所得の移転は移転価格税制の適用外と考えられます。たとえば、「商取引を抜きにした対価性のない一方的な贈与」が確認された場合には寄附金課税の有無の検討が必要となる場合があると考えられます。

　このような結果は、わが国の税制が（合理的な経済行為でない）事業の遂行とは直接関係のない出捐についても寄附金に含まれると規定していることにも合致します。

　上記(1)及び(2)の考え方に基づくと、資産の無償取引、無利息貸付、役務の無償提供、売上値引等についても基本的に移転価格税制が適用されることとなり、当事者の取引価格の問題ではなく単なる贈与だという意思が確認され、商取引を抜きにした対価性のない一方的な贈与であることが客観的に認定された場合に限り寄附金課税が適用されることとなります。

4　事務運営要領の内容と問題点

　移転価格税制と寄附金課税との関係を規定したものとして、移転価格事務運営要領3−10(5)、3−20及び3−21があります。

　事務運営要領3−10(5)では、「法人が国外関連者に対し支払うべき役務の提供に係る対価の額の妥当性を検討するため、当該法人に対し、役務提供の内容等が記載された書類（帳簿、役務提供を行う際に作成した契約書）の提示又は提出を求める。この場合において、当該役務の提供の実態が確認できないときは、措置法第66条の4第3項の規定の適用について検討する」と規定しています。この規定は「役務提供に係る実態等が確認できないときは寄附金課税」を行うことを意味していますが、役務提供を主張している納税者は何らかの資料等を提示していると思われます。その場合に具体的にどのようなケースであれば実態等が確認できないと考えるのか明確に示されていません。実態が全くない場合には寄附金課税もやむを得ないと考えますが、何らかの実態が提示されれば寄附金課税の前に移

転価格課税の適用を検討すべきではないかと考えます。

　事務運営要領3−20では、①国外関連者に対して資産の販売、金銭の貸付け、役務の提供その他の取引（以下、「資産の販売等」といいます）を行い、かつ、当該資産の販売等に係る収益の計上を行っていない場合において、当該資産の販売等が金銭その他の資産又は経済的な利益の贈与又は無償の供与に該当するとき、②国外関連者から資産の販売等に係る対価の支払を受ける場合において、当該法人が当該国外関連者から支払を受けるべき金額のうち国外関連者に実質的に資産の贈与又は経済的な利益の無償の供与をしたと認められる金額があるとき、③国外関連者に資産の販売等に係る対価の支払を行う場合において、当該法人が当該国外関連者に支払う金額のうち当該国外関連者に金銭その他の資産又は経済的な利益の贈与又は無償の供与をしたと認められる金額があるときは寄附金課税（措法66の4③の適用）を行うことを規定しています（法法37⑧の寄附金についても移転価格税制が適用されない場合があることを規定しています。どちらの税制を適用するかにおいて法法37⑦と⑧の区分はしていません）。しかし、この規定は、単に、国外関連取引であっても金銭その他の資産又は経済的利益の贈与又は無償の供与をしたと認められる金銭については、寄附金課税を行うことを定めているだけでどのような場合に適用するのか、極めて曖昧な規定振りとなっています（単に、法法37⑦⑧の規定をそのまま繰り返しているにすぎません）。

　また、事務運営要領3−21では、価格調整金等がある場合について、①既に行われた国外関連取引に係る対価の額を事後に変更して

いる場合には、当該変更が合理的な理由に基づく取引価格の修正に
該当するものかどうかを検討する、②当該変更が国外関連者に対す
る金銭の支払又は費用等の計上（以下、「支払等」といいます）が
行われている場合には、当該支払等に係る理由、事前の取決めの内
容、算定の方法及び計算根拠、当該支払等を決定した日、当該支払
等をした日等を総合的に勘案して検討し、当該支払等が合理的理由
に基づくものと認められるときは、取引価格の修正が行われたもの
として取り扱い、当該支払等が合理的な理由に基づくと認められな
い場合には、当該支払等が租税特別措置法第66条の４第３項の規定
の適用（寄附金課税）を受けるものであるか等について検討すると
しています。

　国外関連取引の価格変更については、移転価格税制との関係で検
討しなくてはならないにもかかわらず、支払等に係る理由等を総合
的に勘案し合理的な理由の有無を検討するという曖昧な基準や事前
の取決めという形式的な基準に基づいて寄附金課税の有無の検討を
行うことは、しい的な運用になることが懸念されますし、調査に対
応する納税者側にも大きな混乱が生じます。法人が国外関連取引の
対価を検討する際には、まさに移転価格からの観点で検討が行われ
るのは当然のことですので、曖昧な基準等で寄附金課税が行われて
いるとすれば、租税条約上の相互協議が行われないおそれがあるこ
とから納税者が二重課税を負担するリスクは大きいと考えられます。

　この点からも商取引を抜きにした一方的な贈与の意図が客観的に
認定されるものに限り寄附金課税を行うなどの考えに基づいて、国
外関連取引には原則として移転価格税制を適用すべきであると考え

られます。

　たとえば、無形資産の対価としてのロイヤリティを収受する契約は存在するが国外関連者の資金事情等から収受すべき金額を免除又は軽減している場合には、無形資産の使用許諾が国外関連者の収益に反映されているか否か、無形資産が国外関連者に定着しているかどうかなど移転価格税制の観点から検討されるべきであると考えられます。すなわち、商取引を抜きにした一方的な贈与の意図が客観的に認定されない限り寄附金課税は行われるべきではないと考えられます。

5　おわりに

　寄附金課税と移転価格課税との関係については、相互協議により二重課税を排除することが重要であるとの観点からの検討が必要であると思います。基本的に関連者間取引に関しては移転価格税制が適用され、当事者間に贈与であるとの意思があり、商取引を抜きにした対価性のない一方的な贈与であることが客観的に認定された場合に限り寄附金課税を行うとの考え方に立てば、たとえ、寄附金課税が行われても、両当事者共に寄附金であると認識していることから、さらに、権限ある当局間の相互協議によって二重課税を排除しようとは考えない当事者の意識と一致します。

　なお、移転価格税制を適用することとなると課税当局にも納税者にも独立企業間価格の算定のための負担が大きくなりますが、国際的な二重課税を排除することができる意味の大きさを考えることが

重要だと思います。移転価格課税と寄附金課税は課税金額の面で同一となりますが、寄附金課税を行った場合には二重課税を排除できず、納税者を税金の過重な負担で疲弊させることになることに十分な留意が必要です。

　商取引を抜きにした対価性のない一方的な贈与の例としては、たとえば、他の関連者間取引との関連がなく金銭が単に贈与された場合、関連者間の取引価格が原因ではなく（国外関連取引を起因としていない）関連会社の経営の失敗から支援せざるを得ないこと（法人税基本通達９－４－１等が適用される場合を除きます）等が考えられます。

　国外関連取引に寄附金課税を行う範囲については限定的に考える必要があると考えます。この点に関する課税当局の明確な指針が公表されることを期待します。

```
重要事項解説
```

1 事後的価格変更には注意が必要

　価格調整金の名目で、すでに行われた国外関連取引に係る対価の額を事後的に変更し、金銭の支払又は費用の計上を行う場合には、当該変更が合理的な理由に基づく取引価格の修正であるか否か（支払等の理由、事前の取決めの内容、算定方法及び計算根拠、支払等の決定日、支払等の日）が総合的に検討され合理的でないと判断された場合には寄附金課税が行われる場合がありますので、国外関連取引に起因した移転価格の観点から行ったものであることを証明できる資料を事前に作成するなど留意する必要があります（事務運営要領 3 − 20、21）。

2 寄附金課税と相互協議

　寄附金課税が「条約に適合しない課税」であるか否かという点については、わが国の寄附金課税は当事者間における実際の贈与等の事実をとらえ租税政策の観点から損金算入を制限して課税を行うものであり、このような課税を直接禁止する条項は租税条約には存在しません。特殊関連者条項の規定もこのような寄附金課税を適合しない課税としているとは解されていません。

　租税条約の趣旨・目的が二重課税の排除若しくは回避にあり、経済的二重課税は排除若しくは回避されるのであるから、寄附金課税によって生ずる経済的二重課税も排除されるべきであるとの考え方があろうかと思いますが、租税条約は必ずしもすべての経済的二重課税を排除するということではありません。

　ただし、課税当局による寄附金課税の内容によっては、移転価格課税が行われるべきものに対して寄附金課税が行われるものも存在するかもしれません。そのような場合には、条約相手国から相互協議の申込みがなされることとなり、わが国も相手国の考えを受け入れた場合には相互協議の余地が残っているといえます。

　2010年6月付の(株)商船三井の寄附金課税については相互協議の場に
上げられましたが、「2013年2月4日に国税庁より寄附金課税部分は相
互協議対象とならなかったとの連絡を受け、一旦中断している更正処分
の取り消しを求める異議申し立てを再開し、引き続き当社主張の正当性
を訴えて参ります」との情報が公開されています。一旦寄附金課税が行
われると相互協議による二重課税の排除の難しさを示した事例だと思い
ます。課税当局との間で移転価格の問題であるのか寄附金の問題である
のかを十分議論する必要があると思います。

参考1　寄附金の損金算入限度額計算

　平成3年度の税制改正前は、国外関連者に対するものも含めて一般の寄附金として損金算入限度額が設けられていました。したがって、移転価格税制の適用では全額損金不算入であるのに対し、金銭の贈与、債務の免除等により海外に所得を移転しても一定の限度額内で損金算入が認められており、双方の取扱い上のアンバランスが生じるという問題がありました。このため平成3年度の税制改正で国外関連者に対する寄附金については全額を損金不算入とする租税特別措置法第66条の4第3項の規定が設けられました。

参考2　寄附が行われたと判断された事例

　平成24年5月29日裁決は、以下の事例において、寄附金として認定しています。

　法人と国外関連者との間で技術提携協議書を締結し、国外関連者が提供された技術等を利用して製造した製品の販売価格に一定のロイヤリティ料率を掛けて算定されるロイヤリティを法人に支払う旨が規定されていました。

　法人は、設計不良による仕損品の発生や採算割れ製品の受注により国外関連者の財政状況が悪化したことから、ロイヤリティを収受せず、財政状況が回復した事業年度からロイヤリティを収受していました。

　請求人は、「協議書等は、子会社に提供する技術資料が完全、正確及び明瞭であることを保証する旨定めており、この包括的技術提携に反することに起因するリスクは請求人が負うこととなる。子会社の累積欠損は、設計不良に起因する製造不良、調達原材料のコスト高、技術及び作業の未熟等を起因とするものであるから、請求人が負うべきリスクであるから、請求人が子会社に補償すべきものであるところ、請求人は、協議書等に基づいて、子会社の生産性の向上、コスト削減、技術指導及び作業指導による財務内容の改善の方向性が判断できるまで、ロイヤリティを零円としたのであり、ロイヤリティに係る収益が発生しない以上、寄附金の額も生じない」等の主張をしました。

　一方、原処分庁は、「請求人は、子会社から協議書等に基づいて、ロイヤリティ収入を受け取ることになっており、子会社が作成したロイヤリティ計算書によりロイヤリティ収入の金額を把握していたにもかかわらず、ロイヤリティの額を収益の額に計上していないのであるから、ロイヤリティ相当額につき、子会社に対する経済的な利益の供与があったと認めるのが相当である」との考え方の下に、特段の事情がある場合には寄附金としないとしている法人税基本通達9－4－2の適用について、子会社の倒産を防止するためにやむを得ず行われたものとは認められないこと、ロイヤリティの免除を行わなければ子会社の再建がなし得ないとも認められないことから当該通達の適用はできないとしました。

　国税不服審判所は、次の理由等により原処分庁の更正処分は適法であるとした裁決をしました。

①　ロイヤリティの免除が請求人の主張のような設計不良や採算割れ製品の受注により生じた損害の補償として行われたものであることを示す証拠は見当たらない。

②　ロイヤリティの免除は、請求人が提出資料や説明資料で税務調査の当初から説明しているとおり、倒産の危機にまでは陥っていない子会社について、「全部門事業の黒字化」などの経営理念又は指示に従い、飽くまでもその経営状況の改善を図るために任意に行われたものと認められる。

③　協議書等の保証条項は、請求人が提供する技術資料に、形式的に欠けている部分又は不明瞭、不正確な部分がないことを保証する趣旨にすぎないということができ、当該保証条項によって請求人に子会社の損失を負担すべき法的義務まで生じるとは認められないことから、当該保証条項の存在をもってロイヤリティの免除に経済的合理性があるとはいえない。

　この裁決は、技術提携協議書等の規定に従って、ロイヤリティを収受すべきであるとの考え方が根底にあると思われますが、技術等の子会社への提供に問題があり、子会社に定着していない場合等には、本件のよ

うに子会社に損失発生の状況が生じると思います。寄附金課税を回避す
るために、少なくとも、技術提携協議書等に、そのような事態が発生し
た場合にはどのように対応するのかを明確に規定することが必要だと思
います。

　しかし、そのような対応規定がなくとも、無形資産の使用許諾を受け
ている子会社に無形資産が定着していないなどの理由により無形資産に
よる利益が発生していない状況にある場合には、単にロイヤリティを収
受していないことなどを根拠として寄附金課税を行うのではなく、基本
的に移転価格の観点からの慎重な検討が行われる必要があったのではな
いかと思います。

索　引

【著　者】

羽床正秀（はゆか　まさひで）

1968年、国家公務員上級甲種（法律）合格。1969年国税庁入庁後、30年間、主として税務行政の職務に従事。国税庁における最終のポストは税務大学校校長。1999年、当時の太田昭和アーンストアンドヤングに加入し、2009年までの10年間会長として国際税務部門の指導育成に努める。また、2014年まで麗澤大学大学院教授（租税法）として勤務。2015年、ディーエルエイ・パイパー東京パートナーシップ外国法共同事業法律事務所にてシニア・タックス・エグゼクティブとして、国際税務を中心に業務を行う。主な著書に『移転価格税制詳解』（2020年）、『外国税額控除コンパクトガイド』（2019年）、『外国子会社合算税制コンパクトガイド』（2018年）、『PE（恒久的施設）課税コンパクトガイド』（2017年）、『貿易実務と移転価格』（2011年）（いずれも、一般財団法人　大蔵財務協会・共著）等がある。京都大学法学部卒業。税理士。

水野時孝（みずの　ときたか）

1975年、国税専門官合格。1976年東京国税局入局後、36年間、主として国際税務行政に従事し、国税庁調査情報2係長、国税庁企画専門官、税務大学校教授、名古屋国税局国際調査課長、東京国税局国際監理官等を経て、最終ポストは立川税務署長。この間、イギリス及びアメリカの駐在員としての職務に従事。2013年別府大学教授、2015年麗澤大学教授として勤務。主な著書に『移転価格税制詳解』（2020年）、『外国税額控除コンパクトガイド』（2019年）、『外国子会社合算税制コンパクトガイド』（2018年）、『PE（恒久的施設）課税コンパクトガイド』（2017年）（いずれも、一般財団法人　大蔵財務協会・共著）等がある。東京外国語大学卒業。麗澤大学特任教授。税理士。

令和3年版　移転価格税制コンパクトガイド

令和3年8月18日　初版印刷
令和3年8月30日　初版発行

不　許
複　製

著　者　羽　床　正　秀
　　　　水　野　時　孝

（一財）大蔵財務協会　理事長
発行者　木　村　幸　俊

発行所　一般財団法人　大蔵財務協会
〔郵便番号　130-8585〕
東京都墨田区東駒形1丁目14番1号
（販　売　部）TEL03（3829）4141・FAX03（3829）4001
（出版編集部）TEL03（3829）4142・FAX03（3829）4005
http://www.zaikyo.or.jp

乱丁・落丁はお取替えいたします。　　　印刷　恵友社
ISBN978-4-7547-2932-5